PURE COUNTRY

Der andere Landhausstil

PURE COUNTRY
Der andere Landhausstil

KATRIN CARGILL
Fotografien von **SIMON UPTON**

DUMONT

Die Deutsche Bibliothek - CIP-Einheitsaufnahme
Pure Country : der andere Landhausstil / Katrin
Cargill (Text). Simon Upton (Fotos). [Aus dem Engl.
von Andrea Honecker]. - Köln : DuMont, 1999
Einheitssacht.: Pure country <dt.>
ISBN 3-7701-4749-9

Originaltitel:
Pure Country - A new approach to country style

Aus dem Englischen von Andrea Honecker
Redaktion und Satz der deutschsprachigen Ausgabe:
Susanne Pütz, Bonn, und Nicole Hardegen, Köln

Printed and bound in China
ISBN 3-7701-4749-9

Inhalt

Einleitung

Auf der Schwelle zum 21. Jahrhundert wechseln Einrichtungstrends in atemberaubendem Tempo. Der Landhausstil hingegen behauptet sich seit vielen Jahrzehnten und steht – nach dem breiten Sortiment an Büchern zu diesem Thema und dem großen Angebot an rustikalen Einrichtungsgegenständen zu urteilen – nach wie vor hoch im Kurs. Das liegt vielleicht daran, daß er einen perfekten Gegenpol zu dem Gehetze und Gedränge des Arbeitsalltags und dem zunehmenden Streß des modernen Lebens bildet.

Aber was ist eigentlich der ›Landhausstil‹? Die Frage läßt sich gar nicht so leicht beantworten. Seit Jahrhunderten wird das ländliche Idyll in Musik, Literatur und Kunst gefeiert. Im Einrichtungsbereich erfreute sich der ländliche Stil vor allem in den siebziger Jahren größter Beliebtheit, als der abgelaugte Kiefernschrank in keiner Küche fehlen durfte. Im Laufe der Jahre hat sich der Stil beständig weiterentwickelt und Elemente aus allen Teilen der Welt aufgenommen. In der Phase der Massenproduktion entfernte sich das rustikale Möbelstück von seiner Originalform, und die typischen Farben ländlicher Stoffe und Gegenstände wurden so dick aufgetragen, daß die eigentliche Idee dahinter nicht mehr zu erkennen war. Moderne, funktionale Küchen und Bäder wurden mit einem Furnier aus ›rustikalem‹ Charme beschichtet, um uns die Illusion zu geben, es handle sich um Relikte aus glücklicheren, einfacheren Tagen auf dem Lande.

Meine Liebe zum ländlichen Stil geht auf meine Kindheit in den Schweizer Alpen zurück. Am lebendigsten in Erinnerung geblieben sind mir die alpinen Farben und Gebräuche: Der Frühling brachte die ersten weißen Krokusse und das Osterfest im Kreise der Familie, in den Sommermonaten blühte auf leuchtend grünen Wiesen hellblau der Enzian, die herbstlichen Wälder verströmten ihren würzigen Duft nach Kiefern und Pilzen, und im Winter wüteten draußen Schnee und Eis, während drinnen fleißig gewerkelt wurde.

Diese glücklichen Erinnerungen haben ein Fundament für meinen eigenen, ganz persönlichen Landhausstil geschaffen. So habe ich versucht, unserer kleinen Stadtwohnung einen rustikalen Charakter zu verleihen. Die Wände sind mit breiten Holzplanken in zarten Farben verkleidet. Die Bodendielen sind abgeschliffen und gestrichen, und darüber liegen weiche Baumwolläufer. Das Mobiliar besteht größtenteils aus gestrichenen Holzmöbeln. Im Winter brennt ein Feuer im Kamin, und im Sommer ziehe ich Landblumen auf der Fensterbank. Diese neue, einfache Form des Landhausstils ist mehr als nur eine Mode – sie ist eine Lebensart. *Pure Country* ist ein klarer, frischer, abgespeck-

rechts Eine einfache Holzverkleidung, solide, gut gearbeitete Möbel und ein paar dezent gesetzte Lieblingsgegenstände bringen einen Hauch von *Pure Country* in jede Wohnung – ob mitten in der Stadt oder weit draußen auf dem Land.

ter Landhausstil, der die überflüssigen Rüschen und Schnörkel vergangener Landhausstile über Bord wirft und sich wieder dem Wesentlichen zuwendet.

Pure Country bedeutet nicht, sklavisch die Lebensformen vergangener Tage aufleben zu lassen – es wäre ein wenig albern, in einer modernen Einbauküche über offenem Feuer zu kochen. Moderner Komfort wie Zentralheizung, heißes Wasser, Elektrogeräte und Doppelverglasung stehen nicht im Widerspruch zu dem neuen Stil. *Pure Country* greift statt dessen die Vorzüge des ursprünglichen Landhausstils auf: die lockere, ungezwungene Atmosphäre, die wir mit dem Leben auf dem Land verbinden, und die einfachen Möbel, von Handwerkern gefertigt, die stolz auf das Ergebnis ihrer Hände Arbeit waren.

In diesem Buch erzähle ich von meiner Vision *Pure Country*. Zunächst werfe ich einen Blick auf sechs traditionelle ländliche Wohnstile, die meinen persönlichen Stil maßgeblich geprägt haben. Aus jedem dieser sechs Wohnformen habe ich einzelne Komponenten herausgegriffen und diese zu einem neuen Landhausstil kombiniert. Dieser Stil ist schlicht, ehrlich und vor allem gemütlich und funktional. Das zweite und dritte Kapitel beleuchten die verschiedenen *Pure Country*-Elemente, darunter Farben, Wand- und Bodenbearbeitung, Möbel und Stoffe. Im Kapitel ›Räume‹ schließlich stelle ich Ihnen am Beispiel verschiedener Inneneinrichtungen vor, wie *Pure Country* aufgebaut ist und wie Sie ihn in Ihren eigenen vier Wänden umsetzen können.

Pure Country steht für einfache Eleganz und gehobenen Komfort, kurzum für ein Zuhause zum Wohlfühlen. Obwohl seine Wurzeln unverkennbar in den traditionellen Formen ländlichen Wohnens liegen, ist *Pure Country* ein aufgelockerter, frischer Stil, der ideal in eine städtische Umgebung paßt. Holen auch Sie sich die Natur ins Haus. Viel Glück!

links Der amerikanische Kolonialstil enthält viele Elemente von *Pure Country*: gestrichene Bodendielen, weiche, ansprechende Farben, einfache, aber auffällige Muster, robuste Möbel und hier und da schlichte Accessoires.

Prägende Wohnstile

Jeder der sechs Stile, die ich in diesem Kapitel vorstelle, hat sich nachhaltig auf meinen eigenen persönlichen Wohnstil ausgewirkt. Bei allen war es eine bestimmte Komponente, die mich besonders angesprochen hat: die Harmonie und Ausgeglichenheit der Shaker-Interieurs, die kühle Eleganz und gedämpfte Farbpalette schwedischer Landhäuser, die luftig-leichte Atmosphäre des mediterranen Stils, die Wärme und Behaglichkeit der englischen Cottages, die ehrliche, harte Arbeit, die in den Häusern früher amerikanischer Siedler zu spüren ist, und die kühne Einfachheit des Modern-Country-Stils. Alle diese Formen ländlichen Wohnens bilden das Fundament, auf dem *Pure Country* aufbaut.

English Cottage

Ein Hauch von *Pure Country* vertreibt die düstere, bedrückende Stimmung im traditionellen englischen Cottage und bringt Licht und Luft, Einfachheit und Ordnung, Harmonie und Erholung ins Haus.

Das weiß gekalkte Reetdach-Cottage, um dessen Eingang sich Kletterrosen ranken, ist ein so typisches Bild der englischen Landschaft, daß es fast schon zum Klischee verkommen ist. Seinen Reiz hat das englische Landhaus dadurch jedoch keineswegs verloren – das Haus von Beatrix Potter oder auch Wordsworths' Dove Cottage zählen zu den meist besuchten Häusern der britischen Insel. Der Grund liegt vielleicht darin, daß diese Häuser die Sehnsucht nach einer einfachen und harmonischen Welt wecken, das Idyll eines behaglichen Landlebens.

oben Innenarchitektin Wendy Harrop, Eigentümerin dieses pittoresken Landhauses, ersetzte die überquellenden Beete durch praktische Kieswege und eine Fülle von Lavendel und Rosen. **rechts** Hauchdünne Vorhänge lassen viel Licht durch die Fenster. **ganz rechts** Buttergelbe Wände, weiß gestrichene Deckenbalken, lockere Kattunbezüge und ein günstig plazierter Wandspiegel erfüllen diesen kleinen Raum mit hellem Licht.

In Wirklichkeit kann das Leben in einem Cottage alles andere als idyllisch sein. Die Häuser wurden für Landarbeiter gebaut und waren niemals für luxuriöses Wohnen vorgesehen. Das traditionelle Cottage bestand aus einem einzigen ebenerdigen Raum, in den man direkt durch die Eingangstür gelangte. Vor der industriellen Revolution war dieser Raum Arbeits- und Wohnbereich zugleich, und die Bewohner bestritten ihren Lebensunterhalt aus Heimgewerben wie Weben, Spinnen oder der Holzverarbeitung.

Das Mobiliar war auf das Notwendigste beschränkt – ein paar Stühle und ein Tisch –, damit es ohne viel Aufwand für die benötigte Arbeitsfläche aus dem Weg geräumt werden konnte.

An modernen Standards bemessen sind englische Cottages meist winzig, die durchgebogenen Deckenbalken hängen gefährlich tief, die Stiegen sind steil und schmal und die Zimmer eng und dunkel. Die kleinen Fenster liegen weit auseinander, eine Maßnahme aus früheren Zeiten, die die winterlichen Stürme

links Traditionelle irische Leinengeschirrtücher wurden in einen schlichten Vorhang verwandelt. **unten** Eine Symphonie in ausgebleichtem Rot und Weiß. Ein alt- und zartrosafarbener Quilt komplettiert den *toile de jouy* von Kopfbrett und Sessel und die kecken Karos auf Lampenschirm, Kissen, Vorhang und Tischdecke. Die Mischung aus Rot und Weiß bringt Leben in das Schlafzimmer.

abhalten und die Fenstersteuer, die im 18. Jahrhundert erhoben wurde, umgehen sollte.

Natürlich gibt es für die meisten dieser Mißstände eine Lösung. Lichtdurchlässige Vorhänge lassen die Sonne herein, helle Wände in zarten Naturtönen – altrosa, moosgrün und cremefarben – holen aus dem verfügbaren Licht das Maximale heraus und verleihen dem Raum einen erfrischenden Touch von Geräumigkeit und Einfachheit, von *Pure Country*.

In den siebziger und achtziger Jahren, als Einrichtungen im Landhausstil zum ersten Mal in Mode kamen, füllten sich die Wohnungen mit einem Sammelsurium aus antiken Möbeln, Schnäppchen vom Trödler, gekräuselten Chintzstoffen und Blüm-

unten rechts In einer Ecke des kleinen Cottage-Wohnraums herrscht ein Gefühl von Ruhe und Ordnung. Trotz seines praktischen Nutzens zur Aufbewahrung von Akten, Büchern, Stiften und Pinseln – den Werkzeugen der Innenarchitektin und Hausbesitzerin – wirkt der schlichte, geweißte Wandtisch mit den beiden Windlichtern zierlich und elegant.

chentapeten. Heute hingegen hat ein neuer Sinn für das Einfache den Landhausstil zurückerobert.

Pure Country ersetzt geblümte Tapeten und dazu passende Vorhänge durch getünchte oder holzgetäfelte Wände. Traditionelle Maltechniken wie die Temperamalerei sind wieder gefragt, da sie alten Wänden mehr Luft zum Atmen geben. Raumfüllende Teppiche wurden durch abgeschliffene, gewachste oder versiegelte Dielen, grobmaschige Kokosfasermatten oder glatte Steinböden verdrängt. Der Nippes vom Flohmarkt schließlich wurde durch wenige, sorgfältig ausgewählte Gegenstände ausgetauscht. Einzig ein Element bleibt unverändert: Eine Vase mit frischen Schnittblumen in einem lockeren Arrangement wird immer das Wesen der englischen Landschaft einfangen.

Shaker

Die reduzierte Ästhetik der Shaker bietet eine zeitlose Alternative zum modernen Minimalismus. Die perfekte Einfachheit und der ausgeprägte Sinn für Harmonie spielen auch für *Pure Country* eine wichtige Rolle.

oben Das alte, verschalte Haus mit Scheune in Maine birgt ein authentisches Shaker-Interieur. **rechts** Die meisten Gegenstände im Haus sind Shaker-Originale. Hier okkupiert ein ungewöhnlicher Bugholz-Schaukelstuhl mit Schachbrett-Sitzfläche aus geflochtenem Leinenband eine Ecke des Wohnzimmers. **ganz rechts** In der schmucklosen Küche befindet sich nichts, was nicht unbedingt gebraucht wird. Die vielen offenen Regale bieten Platz für Tongefäße, Körbe, Holzschüsseln und sonstiges. Das Balkenwerk ist mit warmer braunroter Kaseinfarbe gestrichen, wie es für die amerikanische Kolonialzeit typisch ist.

Der Shaker-Stil mit seinen klaren Linien und seiner funktionalen Schönheit ist heute ein Klassiker in Amerika. Auf die puritanische Shaker-Gemeinde gehen viele Errungenschaften zurück, die wir irrtümlich dem 20. Jahrhundert zuschreiben, so etwa Einbauschränke, Drehstühle und Rolläden. Nur zu leicht vergißt man vor lauter Bewunderung, daß die anmutigen Möbel und Gegenstände allein wegen ihres praktischen Zwecks und nicht zur Zierde gefertigt wurden.

Mit der Hoffnung auf eine freiere Ausübung ihres Glaubens legte die »Gesellschaft der Freunde« – wegen ihres frommen Zittertanzes spöttisch als Shaker bezeichnet – 1774 an der amerikanischen Küste an. Unter der Führung von Mother Ann Lee wählte sie ein Leben in der Gemeinschaft, das durch Keuschheitsgelübde und die Lossagung von der Welt geprägt ist. Ihr Credo »Tue nichts, was nicht nützlich ist« gebot den Shakern, jegliche unnötigen Verzierungen zu vermeiden; vielmehr sollten die Dinge Effizienz und Dauerhaftigkeit verkörpern. Alle handwerklichen Erzeugnisse entstanden unter Einhaltung eines strengen Regelwerks, in dem genau verfügt war, wie etwas herzustellen sei und wie das fertige Produkt aussehen sollte. Alles bis hin zu Nieten, Nägeln und Nadeln wurde

innerhalb der Gemeinschaft gefertigt, und daher war jedes Shaker-Stück ein Unikat. Die Kreationen geben Zeugnis von dem akribischen Kunsthandwerk einer Gemeinschaft, die von den eher kapriziösen Modewellen der Außenwelt unberührt geblieben ist. Der Schlüssel zu der Schönheit ihrer Arbeiten liegt in Mutter Anns Grundsatz: »Verrichte deine Arbeit so, als hättest du tausend Jahre zu leben und als müßtest du morgen schon sterben«. Für die Shaker bedeutete gutes

Handwerk eine Form der religiösen Andacht; das Streben nach Perfektion galt als Dienst zur Ehre Gottes.

Liebhaber des Shaker-Stils brauchen jedoch nicht gleich mit historischer Detailgenauigkeit die Einrichtung eines Bethauses nachzuempfinden. Es genügt, einige Shaker-›Gesetze‹ einzuhalten, um einem Interieur eine neue Klarheit zu verleihen. Schlichte Shaker-Möbel aus gemasertem Holz bringen Ordnung und Symmetrie in die Räume. Vorhänge an den Fenstern sollten vermieden oder durch lichtdurchlässige Baumwollrollos ersetzt werden. Arbeitsflächen und Fuß-

ganz links Blick in ein helles Schlafzimmer, einfach möbliert mit einem hohen Bett und feinem Quilt. **links** Die Shaker waren berühmt für ihre Kunstfertigkeit und ihren Sinn für das Praktische. Die in die Wand eingebauten Schubladen in leicht abgestuften Größen sind ein Beispiel dafür. Das Holz wurde mit gelber Kaseinfarbe gestrichen, ein Farbton, der sich in der Steppdecke wiederfindet. **unten** Ein außergewöhnlicher Shaker-Sekretär in kräftiger Farbe und mit einfachen, klaren Konturen.

böden dürfen nicht mit allerlei Zeug vollgestellt werden – Küchenutensilien sollten hinter Schranktüren verschwinden oder an der allgegenwärtigen Shaker-Hängeleiste aufgereiht werden. Einzelobjekte wie Weidenkörbe und Stühle mit geflochtener Sitzfläche runden das Bild ab. Jedes Ding hat seinen Platz, Harmonie und Ordnung führen das Zepter.

Mediterran

Beim mediterranen Landhausstil dreht sich alles um Einfachheit, Farbe, Licht und Schatten. Ob drinnen oder draußen, Meer und Sonne sind immer in greifbarer Nähe.

Der mediterrane Wohnstil erstreckt sich in all seinen reichhaltigen Ausprägungen von der zerklüfteten portugiesischen Atlantikküste entlang des Mittelmeers bis weit nach Osten an die türkisblaue Küste der Türkei – ein einziger herrlicher Dunststreifen aus betäubenden Blau- und gleißenden Weißtönen.

Der Stil der Mittelmeerregionen verkörpert Offenheit und Weiträumigkeit und wirkt daher klar und einfach. In warmen Klimazonen besteht keine Veranlassung, klein zu bauen, damit die Wohnung im Winter nicht auskühlt. Die Räume sind groß und luftig und die Fenster weit geöffnet, um das herrliche Licht hereinzulassen. Die dicken Steinwände und kleinen Fenster mit Fensterläden sollen nicht die Kälte abhalten, sondern Schutz gegen die gleißende Mittagshitze bieten. In vielen Teilen des östlichen und südlichen Mittelmeerraums sind die Häuser um einen zentralen Innenhof herum angeordnet, der den Bewohnern als Wohn-

oben ganz links Alte Fischerhütten, einfühlsam restauriert von der Innenarchitektin Vera Iachia und ihrem Mann Manrico. Sie verwendeten nur heimische Materialien, die sich harmonisch in die Landschaft einpassen. **oben links** Unter einem getünchten Bambusdach bieten weiche Matratzen auf Betonvorsprüngen eine Zuflucht vor der heißen Mittagssonne. **unten ganz links** Die Veranda eröffnet einen Blick über die Landschaft. **unten links** Ein knorriger, alter Olivenbaum spendet willkommenen Schatten in einem Innenhof.

oben Gekalkte Wände und Decken und ein Balkenwerk in kräftigem Hellblau bringen Licht und Farbe ins Badezimmer. **unten** Die in einem satten, kräftigen Meerblau getönten Betonböden sind kühl, glatt und einfach sauber zu halten.

zimmer, Eßzimmer und Garten dient. Die Mahlzeiten werden zwar in der kühlen Küche vorbereitet, gegessen wird jedoch stets an einem schattigen Plätzchen im Freien, wo eine sanfte Brise den Appetit auf einfaches, aber schmackhaftes Essen anregt.

Ganz gleich, ob die Häuser aus Stein oder anderen heimischen Materialien wie Schilf oder Schlamm gebaut sind, ihre Form ist stets organisch. Aus nacktem Stein, Mörtel und mehreren Schichten Kalktünche entstehen wellige, unebene Mauern, die grob behauen, monolithisch, nahezu skulptural anmuten. Die Böden sind hart und kühl – Terrakottafliesen, Steinplatten, geglätteter Beton oder roher, unpolierter Marmor – und mit einfachen, aber für die Füße angenehmen Baumwollmatten bedeckt.

Dank moderner Technologie ist es heute möglich, diesen mediterranen Stil auch in kältere Breitengrade zu übertragen. Zentralheizung und verbesserte Wärmedämmung sorgen dafür, daß große Räume, grob verputzte Wände und harte, kühle Fußböden unserem modernen Wohnkomfort – sprich Behaglichkeit und Sauberkeit – nicht mehr im Wege stehen. Kalktünche, die älteste aller Wandfarben, ist noch immer der gängige Außenanstrich im gesamten Mittelmeerraum. Die warmen, satten Farben, die man traditionell mit dieser Region in Verbindung bringt – Umbra und Ocker in Italien,

rechts ›Outdoors meets indoors‹ in diesem hellen, luftigen Wohnzimmer mit seiner eklektischen Mischung aus antiken Möbeln und Strandgut. Zentrales Element ist ein altes Ruderboot, dessen verblaßte Farben Anregung für den Sofastoff gaben. Der mit Kieselsteinen durchsetzte, blau gestrichene Betonboden ruft erneut die Meeresküste wach, während die Hängelampe mit den Kieselsteinketten an die Hummerkörbe der Fischer erinnert.

oben Eine der Fischerhütten dient als Küchen- und Frühstücksbereich. Hier setzt sich das frische, nautische Blau-Weiß-Thema fort. Der moderne Stahlherd wird durch ein offenes Feuer ergänzt, über dem frisch gefangene Fische aus dem nahegelegenen Meer gegrillt werden.
rechts In dieser Ecke des Raums finden sich ausschließlich Naturmaterialien – ein massiver Holztisch, Stühle mit geflochtener Sitzfläche und Rückenlehne, ein Strohlampenschirm und ein riesiger flacher Obstkorb mit frischen Früchten und Gemüse.

kräftiges Blau in Griechenland, dunkle Rottöne in Nordafrika – verblassen unter der heißen Sommersonne nach und nach. Zurück bleiben die kalkigen Töne, die so sehr an Meer, Sand und Erde erinnern. Einige moderne Wandfarben liefern diesen ausgebleichten, sanften Effekt frei Haus, so daß man auch in kühleren und wolkenreicheren Klimazonen den sonnengebleichten Mittelmeerstil aufleben lassen kann.

oben Bestechend ist der Kontrast zwischen den gekalkten Wänden und den klaren Formen des geräumigen Sofas, die von der Balkendecke aufgenommen werden. **rechts** Ein aus Treibholzstücken gefertigter Stuhl bildet einen Blickfang vor den mit Bambusstreifen verzierten Mörtelwänden. **ganz rechts** Das maritime Thema wird in dem geräumigen Schlafzimmer fortgeführt.

Mediterrane Häuser sind sauber und ordentlich, aber niemals steril. Jeden Morgen werden die Böden gefegt oder mit einem Eimer Wasser abgespült und Matten und Teppiche kräftig ausgeklopft. Wenn dann die Sonne hoch in den Himmel hinauf steigt und die Hitze des Tages hereinbricht, ist es Zeit für eine Siesta im Schatten, begleitet vom Zirpen der Grillen und den betörenden Düften der Zitronen- und Olivenbäume.

links Kleine Fenster mit Innenläden halten die mediterrane Mittagshitze ab. **unten** Eine dekorative schmiedeeiserne Bettcouch, zeitgemäß aufbereitet mit blauer Lackfarbe und einem gestreiften Baumwollbezug in leuchtenden Farben.

Schwedisch

Die Merkmale des schwedischen Landhausstils sind Geräumigkeit, Einfachheit und zurückhaltende Eleganz – alles in perfektem Einklang mit dem Geschmack von heute.

Die Eleganz der Formen, die für den schwedischen Stil so typisch ist, muß korrekt als König-Gustav-Stil bezeichnet werden, denn sie geht in erster Linie auf diesen schwedischen Regenten zurück. Im späten 18. Jahrhundert übernahm Gustav III. neue Einrichtungsideen aus Frankreich und führte in seinem Palast eine einfachere, nüchterne Form des Neoklassizismus ein. Die Eleganz und Zurückhaltung des König-Gustav-Stils sikkerte langsam über den Adel bis hinunter zu den Bauern, die den Stil in ihren

oben links Die englische Designerin Lena Proudlock hat ihr Bauernhaus mit schwedischen Landmöbeln eingerichtet. **oben rechts** Gedämpfte Grau-, Blau- und Weißtöne verleihen der Küche einen sanften Glanz. Blauer Drillich ist eine ungewöhnliche Wahl für die eleganten König-Gustav-Stühle. **unten links** Ein bemaltes Blech bringt Schwung in die Arbeitsecke. **gegenüber** Ein großer Geschirrschrank, dessen paneelierte Türen dezent mit Goldblatt hervorgehoben sind, behauptet seinen Platz in der Küche. Eine stattliche Sammlung blau-weißen Porzellans unterstreicht seine Schönheit. Der Baumwolläufer und die gestrichenen Dielenbretter sind typisch für den schwedischen Landhausstil.

bescheidenen Häusern mit den Materialien umsetzten, die ihnen zur Verfügung standen: Kostbare französische Stücke wurden aus preiswertem Weichholz nachgebaut, feine Tapisserie und elegante Gobelins imitierte man durch einfache Schablonen- oder Wandmalerei, und hölzerne Kaminsimse erhielten eine Trompe-l'œil-Marmorierung.

Da in Skandinavien natürliches Licht während der Wintermonate Mangelware ist, strich man die Wände in hellen, reflektierenden Farben, um den Eindruck lichtdurchfluteter Räume zu erwecken. Türen blieben weit offen stehen, um das Gefühl von Geräumigkeit zu verstärken, und an den kleinen Fenstern hingen hauchdünne Vorhänge, die das Tageslicht durchließen. Möbel und Betten waren mit einfachen Karo-, Streifen- und Blumenmustern bezogen. Das Gesamtbild verströmt eine bescheidene Eleganz und anspruchsvolle Einfachheit.

Um diesen Stil nachzuahmen, sollten Sie Ihre Wände in hellen Farben streichen wie blasses Grün oder Eisblau, gedämpftem Muschelrosa oder zartem Zinngrau. Verzieren Sie die Wände mit einer Trompe-l'œil-Vertäfelung, einem Fries aus Wein- und Blumenmotiven oder einer einfachen Schablonenmalerei. Verwenden Sie für Möbel und Textilien satte Farben wie Grasgrün oder Rostrot. Die Zusammenstellung des Mobiliars sollte wohlüberlegt sein, in jedem Raum dürfen nur wenige erlesene Stücke aufgestellt werden. Beleuchten Sie Ihre ›schwedische‹ Einrichtung mit warmem Kerzenschein und beobachten Sie, wie die matten Farben in dem flackernden Licht erglühen.

Vielleicht liegt die anhaltende Beliebtheit des schwedischen Stils in seiner spielerischen Kombination aus Eleganz und Nützlichkeit begründet: Überall herrschen Symmetrie und Ordnung, und doch spricht aus allem eine tiefe Liebe zum eigenen Heim.

links Symmetrie und verblaßte Eleganz gepaart mit fast rustikaler Einfachheit sind typische Merkmale des schwedischen Landhausstils – in diesem Raum sind sie alle vereint. Der etwas förmliche Charakter des goldverzierten Kamins wird durch Brennholzstapel und zwei Gartenstühle aufgelockert.

Early American

Strenge, Einfallsreichtum und nüchterne Eleganz zeichnen

die Häuser der ersten amerikanischen Siedler aus – ein Stil,

der auch heute noch zum Landleben paßt.

links Ein Haus aus der Zeit vor der Revolution in Pennsylvania.
rechts Die warme Holztäfelung, die alten Zinnteller und die cremefarbenen Polstermöbel fangen die Strenge und Einfachheit des frühen amerikanischen Stils ein. **oben** In frischem Blau und Weiß gestrichene Dielen sowie zwei große, alte Blechkübel zur Aufbewahrung von Feuerholz verleihen der Veranda einen besonderen Touch.

Der amerikanische Landhausstil stellt ein Gemisch verschiedener Kulturen dar. Die ersten Siedler, die in das ihnen völlig unbekannte Land ausgewandert waren, bemühten sich, ihre Häuser in dem ihnen vertrauten Stil nachzubauen, paßten dabei aber die Bautraditionen an die Bedingungen der Neuen Welt an. Die daraus entwickelten Architekturstile wurden allesamt von einer praktischen und bescheidenen Ästhetik geprägt.

Die Pioniere waren mit einem Baumaterial gesegnet, das in einzigartigem Überfluß vorhanden war und das Bild der neuen Häuser prägen sollte: Holz. Man war überwältigt von den nahezu endlosen Wäldern, in denen alle Arten exotischer Bäume wuchsen, darunter wilde Kirsche, Walnuß und Zypresse. Diese wunderschönen Hölzer dienten jedoch nicht nur zum Bau von Häusern, sondern aus ihnen entstanden auch all die exquisiten Möbel und Gegenstände, die den Early American-Stil berühmt gemacht haben.

Die nordöstlichen Staaten, zunächst die bevölkerungsreichsten Gebiete Amerikas, waren hauptsächlich von Engländern besiedelt. Den Stil, der hier entstand, bezeichnet man als Kolonialstil. Dieser nüchtern-eleganter Stil zeichnet sich durch dunkle Holztäfelungen, einfache Möbel und durch sanfte Farben aus. Kaseinfarbe verlieh den Holzbalken einen zarten Glanz, und diese dekorative Bescheidenheit wurde durch schlichte

Leinen- und Wollstoffe unterstützt. Die Wohnhäuser, die die Siedler in Neuengland bauten, konnten ihre nahe Verwandtschaft zu den verschalten Häusern Südostenglands nicht leugnen. Im Inneren der Wohnhäuser leuchteten bunte Flickenteppiche auf den blank geschrubbten Holzböden. Das Mobiliar war eine Mischung aus alten Stücken, die aus der Heimat mitgekommen waren, und neueren Dingen, handgefertigt aus heimischen Hölzern.

oben Licht ist wichtiger als Privatsphäre, folglich reicht ein Stück alter Spitze als Vorhang völlig aus. **gegenüber** Das klassische Sofa aus dem 18. Jahrhundert verschmilzt mit den klaren Linien des geweißten Geschirrschranks. **links** Der blau-weiß gemusterte Boden verleiht dem Raum eine moderne Note und bildet einen gelungenen Hintergrund für das Porzellan (**unten**).

Modern Country

Der Landhausstil für das 21. Jahrhundert – reduziert und geräumig, doch was Materialien und Integrität anbelangt, noch immer mit den ländlichen Wurzeln verwachsen.

Heutzutage kommen und gehen Einrichtungstrends in einem atemberaubenden Tempo. Der Modern-Country-Stil jedoch zählt nicht zu diesen schnellvergänglichen Modeerscheinungen oder Trends. Er ist vielmehr eine Lebensart, die die Wärme und Redlichkeit der Innenausstattung vergangener Tage mit einer durch und durch modernen Einfachheit und Zweckmäßigkeit

kombiniert. Geräumigkeit, Licht und Naturmaterialien machen das Wesen dieses Stils aus.

Alte Landhäuser haben meist winzige Zimmer mit niedrigen Decken und kleinen Fenstern, eben Räume, die man im Winter mit einem Kohle- oder Holzfeuer warmhalten konnte. Moderne Errungenschaften wie etwa Zentralheizung und Wärmedämmung haben solche beengten Räume überflüssig gemacht. Heizungen,

rechts Der Architekt Chris Cowper verwandelte eine 200 Jahre alte Scheune in ein farbenfrohes Zuhause. **ganz links** Das Wohnzimmer in der ersten Etage bietet Aussichten auf Meer und Marschland. Einfache Dielentüren, blau gestrichene Wände und weißes Gebälk verstärken den Eindruck, das Meer sei gleich um die Ecke.
links Unter dem Dachgiebel führt ein Nut- und-Feder-Steg nach unten in ein kleines Schlafzimmer. **oben** Das hölzerne Geländer und die Reling geben einem das Gefühl, an Bord eines Schiffes zu sein.

Jalousien und gut eingepaßten Fenstern zum Dank sind Decken heutzutage höher, Wände aus Glas und Schlafzimmer auf Wunsch so groß und luftig wie in einer toskanischen Villa. Offene Flächen sind charakteristisch für den modernen Landhausstil. Der einfachste Weg, um in kleinen Räumen eine weiträumige Atmosphäre zu schaffen, ist, Wände, Böden und Decken weiß oder cremefarben anzustreichen und schwere Vorhänge durch einfache Rollos zu ersetzen. Etwas mutigere ›Bauherren‹ dürfen auch Türen aus den Angeln heben oder Wände einreißen, damit mehr offene Fläche entsteht.

Naturmaterialien sind ein wesentliches Element des Modern-Country-Stils. Holzmaserungen, Schieferplatten, die runden Formen der Kieselsteine – all dies erinnert uns an die Natur in

ganz links Die kleinen Fenster schaffen zusammen mit dem blau lackierten Tisch und dem Korbsessel ein Gefühl von Behaglichkeit. **links** Blaue Wände, weiße Bettwäsche und freigelegte Trägerbalken vermitteln eine beschauliche Meeresstimmung. **rechts** Am Strand gesammelte Kieselsteine und eine Blumenvase verleiten zur Meditation.

unseren Breiten. Naturmaterialien üben einen tiefen Reiz auf Auge und Tastsinn aus. Nehmen Sie Stein- oder Holzfußböden – sie halten jahrhundertelang und entwickeln mit dem Alter eine schöne Färbung. Ganz ähnlich verhält es sich mit Backstein-, Holz- und Gipswänden, deren taktile Strukturen eine große Anziehungskraft besitzen.

Das Mobiliar sollte sorgfältig und einfühlsam ausgewählt werden. Ob Shaker-Stücke mit ihrer robusten Schlichtheit und Anmut, zeitgenössische Korb- oder Rohrmöbel, alte Truhen und Sitzbänke – sie alle passen zum Modern-Country-Stil. Sowohl strapazierfähige, anspruchslose Gewebe wie Kaliko und Kattun als auch grobes, zweckmäßiges Keramikgeschirr und Besteck sorgen für das richtige Gleichgewicht. Wie auch immer Sie Ihr Zuhause einrichten möchten, wählen Sie stets das Einfachste und Beste, das Sie sich leisten können, damit Sie Ihr Leben lang Freude daran haben.

Es gibt keine Regeln für eine Einrichtung im modernen Landhausstil. Im Gegenteil, die individuelle Persönlichkeit des Bewohners darf gerne durchscheinen. Es gibt allerdings Elemente, die unverzichtbar zum Modern-Country-Stil gehören und daher nicht fehlen sollten. Die Wärme und Schönheit von Holz bringt uns mit der Natur in Kontakt und wirkt oft trostspendend und beruhigend. Strukturelle Kontraste – glatter Gips und grobe Kokosfasermatten, kühler Stein und krause Baumwollstoffe – sprechen die Sinne an.

Farben und Flächen

Jahrhundertelang wurden Malerfarben und Gewebe, mit denen die Landhäuser dekoriert wurden, vorwiegend mit Pigmenten gefärbt, die aus heimischen Mineralien und Pflanzen gewonnen wurden. Dies bedeutete eine nur begrenzte Auswahl an Farbtönen, da die Bewohner keinen Zugang zu kommerziell hergestellten oder aus fernen Ländern eingeführten Farbstoffen hatten.

Die meisten Pigmente, die ihnen zur Verfügung standen, waren sogenannte Erdfarben, deren genauer Ton vom Mineralgehalt der Böden abhing. Aus bestimmten durch Eisenoxid gefärbten Lehmerden beispielsweise entstand das billige und haltbare Pigment Ockergelb, während man aus einem grünlichen eisen- und manganhaltigen Lehm Grünerde produzierte. Kalktünchen und Kaseinfarben wurden häufig mit solchen Pigmenten aus der Umgebung gemischt und erhielten so ihre wunderschönen, blassen Gelb-, Braun-, Grün- und Rosatöne. Bis heute assoziieren wir mit diesen dezenten, harmonischen Farbtönen das Leben auf dem Lande.

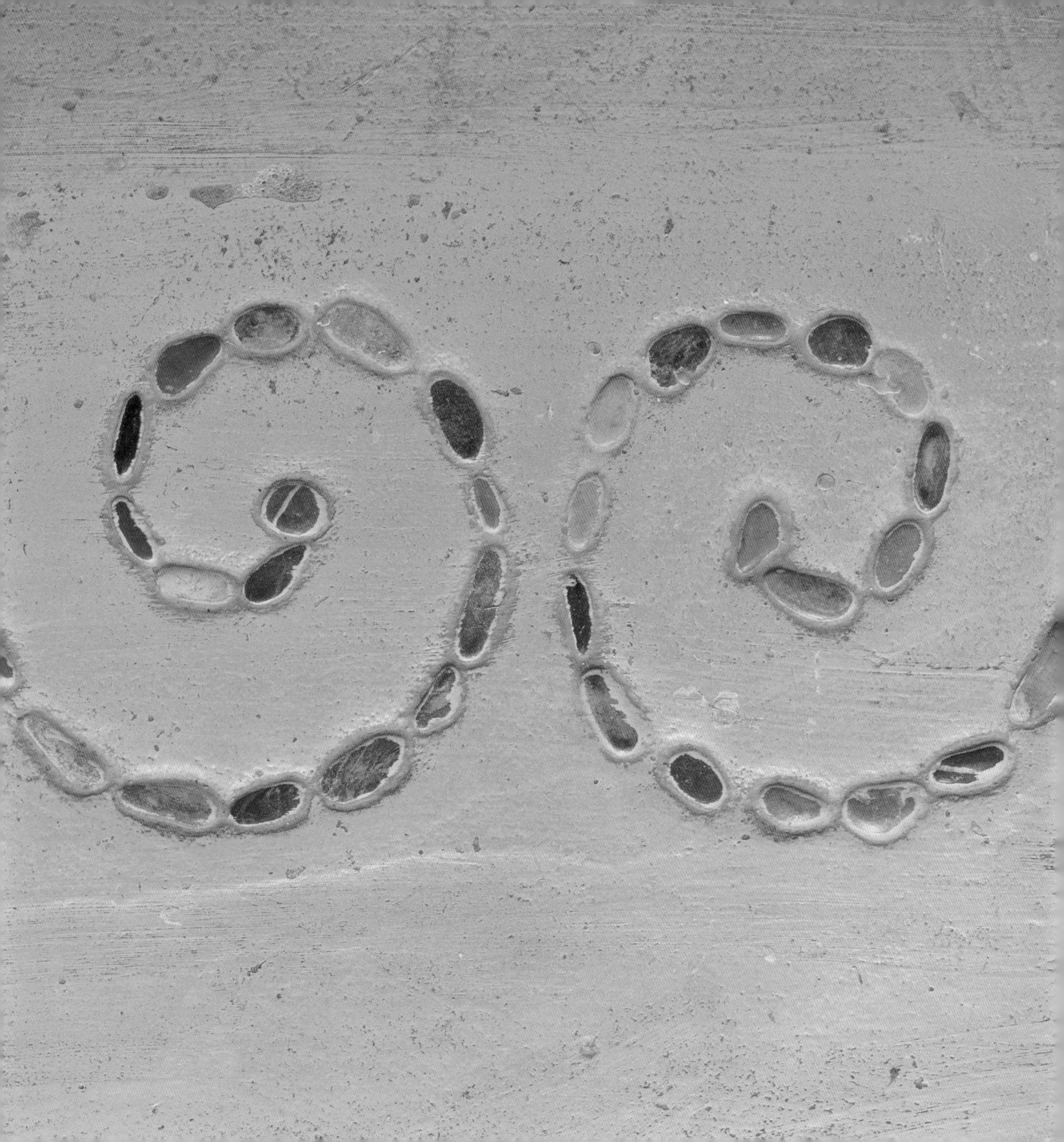

Rot

Von rostigem Orangerot über zarte Rosa- und Apricottöne bis hin zu tiefem Purpurrot – die Farbe Rot wurde schon immer mit ländlichem Wohnen in Verbindung gebracht.

Rote Pigmente können verschiedenen Ursprungs sein. So gibt es tierische, pflanzliche und mineralische Farbstoffe. Auf dem Lande kannte man vor allem eine Quelle für rote Pigmente, die nie versiegte – die Erde. Aus Eisenablagerungen im Boden gewann man rote Farbpigmente, die mit Kalk und Kasein zu einer rostroten Kaseinfarbe gemischt wurden.

Weil diese Farbe leicht zu beschaffen war, erhielten viele Gebäude von Schweden bis Amerika einen kräftigen roten Anstrich. Die Nuancen variierten jedoch in den einzelnen Ländern und Regionen von einem leuchtenden Rostrot über Rotbraun bis hin zu einem rötlichen Purpur – je nachdem, welche Mineralien im Boden vorhanden waren. So bringt man knalliges Rot mit der amerikanischen Kolonialzeit in Verbindung, während warme Terrakottatöne eher im Mittelmeerraum vertreten sind. Ein kräftiges Rosa wiederum dominiert auch heute noch in der englischen Region East Anglia. Da der Ton dieser einfachen Farben auch von der Menge der beigemischten Pigmente abhing, war jede Mischung nahezu einzigartig und konnte kein zweites Mal genau getroffen werden. Dies belegen zum Beispiel die vielen roten Scheunen, die in einer breiten Palette von Rot-

links In dem spärlich eingerichteten Speisezimmer eines amerikanischen Hauses im Kolonialstil sind Fensterrahmen und Wandtäfelung durch eine klare rote Farbe abgesetzt. Die einfachen Bauernmöbel, der neutrale Holzboden und die cremig gelben Wände überlassen dem Rot den zentralen Platz auf der Bühne. Das reine Blau der Lehnstühle dient dazu, den dramatischen Effekt des Rots noch zu verstärken.

tönen die landwirtschaftlich genutzten Regionen Amerikas sprenkeln.

Pflanzliche Pigmente wurden in erster Linie zur Herstellung von Textilfarben verwendet, und Färberröte, das Extrakt der Krappflanze, war Hauptlieferant für roten Textilfarbstoff. Die Landbewohner kauften und tauschten jedoch auch Stoffe bei lokalen oder ›fliegenden‹ Händlern, und diese Gewebe waren oft mit chemischen Farben gefärbt. Dies erklärt die scharlachroten Flicken, die häufig in alten Patchworkdecken zu finden sind: Sie stammen von roten Flanellunterröcken.

Im modernen Landhaus-Interieur bringt die Erdigkeit eines tiefen Rostrot die ideale Ergänzung zu Naturmaterialien wie Schiefer und Stein, und bräunliche Rottöne unterstreichen die

ganz links Rot-weiß-karierte Vorhänge mit passendem Schränkchen machen aus dem Fenster einen Blickfang.
links Die gebeizte Holztäfelung und der karierte Polstersessel vermitteln einen rustikalen Eindruck. **rechts und unten** Das gedämpfte Rostrot der Haustür und des Fußbodens bringen Glanz in die ansonsten neutrale Farbgebung.

Wärme von weichem, alten Holz. Da Rot eine tonangebende Farbe ist, ist bei der Wahl eines Rottons allerdings ein wenig Vorsicht geboten. Was in der Dose wie ein ländliches Rostrot erscheinen mag, kann sich an der Wand als feuriges Scharlachrot entpuppen – ein Farbton, der für eine Einrichtung im ländlichen Stil völlig unpassend ist. Aus natürlichen Pigmenten hergestellte Farbe hat den unschlagbaren Vorteil, mit Würde zu verblassen;

durch die Sonne bleicht sie nach und nach zu einem weichen Terrakotta oder tiefen Rosarot aus. Glücklicherweise gibt es heutzutage Farben zu kaufen, mit denen sich so ein verwitterter Effekt sofort erzielen läßt.

Rot besitzt die einzigartige Fähigkeit, viele verschiedene Elemente in einem Einrichtungskonzept harmonisch zu verbinden, allen voran in Form der altehrwürdigen Farbkombination Rot und Weiß. Rot-weiß gemusterter Ginganstoff beispielsweise verströmt einen frischen, häuslichen Charme und ist dank seiner prägnanten Einfachheit gleichzeitig topmodern. Leuchtend rotes Emaillegeschirr im französischen Stil ist ein Zugewinn für jede *Pure Country*-Küche, und auch knallbunte, locker gewebte indianische Baumwollstoffe mit kontrastierenden Karomustern tragen ihren Teil zu einer behaglichen Atmosphäre schlichten Komforts bei.

links oben Der zartrot gestrichene Türrahmen in einer mit Kiefernholz verkleideten Wand lenkt den Blick auf die Tür. **links** Matte Färberröte paßt gut zu dem schwarz-weißen Schachbrettboden des Flurs. **rechts** Die rot-weiße Farbkombination dieses Schlafzimmers in Kentucky vermittelt eine ländliche Stimmung. Leisten und Fensterrahmen in einem dunklen Rotbraun setzen sich gegen die zartweißen Wände ab. Die Farbkombination wird von den Quilts, Vorhängen und Volants aufgegriffen. Die rot lackierten Dielenbretter halten das Gesamtkonzept zusammen.

Blau

Obwohl ruhige Blautöne bis zum 18. Jahrhundert für Einrichtungszwecke kaum erhältlich waren, eroberten sie die Herzen der Schweden und amerikanischen Siedler.

Viele Jahrhunderte lang kannte man lediglich zwei Quellen für blauen Farbstoff: Indigo und Lapislazuli. Das aus pulverisiertem Lapis hergestellte Ultramarin war ein seltenes und teuer gehandeltes Pigment und daher nur für sehr wohlhabende Leute erschwinglich. Im Gegensatz dazu war der blaue Naturfarbstoff, der aus der Indigopflanze gewonnen wurde, im Überfluß vorhan-

den und dementsprechend billig. In großen Mengen wurde er im 18. Jahrhundert von Indien nach Europa verschifft. Allerdings ist Indigo nicht sehr farbbeständig und aus diesem Grund zur Herstellung von Malerfarben ungeeignet. Das pflanzliche Pigment wurde hauptsächlich zum Färben von Stoffen verwendet.

Erst mit der zufälligen Entdeckung von Preußischblau Anfang des 18. Jahrhunderts wurde ein intensiver dunkelblauer Farbstoff für jedermann verfügbar. Und bald darauf setzte auch die Pro-

links Das kühle Graublau bietet einen hervorragenden Hintergrund für die Schlittschuhe. **oben** Abgerundet mit stilvollen Gegenständen können Blau und Weiß sehr elegant aussehen. **rechts** Holztür und -täfelung dieses Siedlerhauses in Connecticut sind in einem tiefen ›Williamsburg‹-Blau gestrichen. Die eigentlich überwältigende Farbe wird durch die weißen Wände, die Holzdielen, Holzmöbel und den dezenten Glanz der Zinnteller auf dem Kaminsims gemäßigt.

duktion von künstlichem Ultramarin- und Kobaltblau ein. Da die Landbevölkerung kaum Zugang zu synthetischen Pigmenten hatte, waren die Blautöne in den Bauernhäusern meist gedämpft und gingen ins Grünliche oder Gräuliche über. Leuchtende Blautöne waren eine Seltenheit und gelten daher eher als untypisch für den Landhausstil.

Den verschiedenen ländlichen Stilen lassen sich verschiedene Blautöne zuordnen: Zarte gräuliche und grünliche Blautöne beherrschen die Farbpalette des schwedischen Stils. Der blaugrüne Ton, der für schwedische Interieurs so typisch ist, wurde nicht aus synthetischen Farbstoffen hergestellt, sondern entstand aus einer Mischung des mineralischen Pigments Grünerde und Milchkasein. Das Ergebnis war eine haltbare, abriebfeste

oben Kühle und Ruhe erfüllen das Treppenhaus eines Bauernhauses in Suffolk. Dieser Effekt entsteht durch die gedämpfte Farbkombination aus den erdigen Naturtönen des Ziegelbodens und dem zarten Blau des ungewöhnlich flach geschnitzten Treppengeländers. Der Sternen-Quilt auf dem Sofa war Ausgangspunkt für dieses Farbkonzept. **links** Die Türpaneele des hellblau lackierten Küchenschranks wurden entfernt und durch gerafften Ginganstoff in einem dunkleren Blauton ersetzt. **rechts** Die haltbare, abwaschbare, blaugraue Farbe verleiht dem großen, praktischen Küchentisch eine Spur von Eleganz, die gut zu den etwas steifen, cremefarbenen Stühlen im König-Gustav-Stil paßt.

Kaseinfarbe, mit der Holzverkleidungen und Holzmöbel gestrichen wurden.

Einen ähnlich matten, grünblauen Farbton verwendeten die Shaker auch zum Beizen der Holzarbeiten in ihren Versammlungshäusern und Ruheräumen. Laut einem Rezept in einem Notizbuch der Shaker mußte man, um diese Farbe herzustellen, pulverisiertes Indigo mit Schwefelsäure mischen und das Ganze zwei Tage stehenlassen. Anschließend wurde die Mischung mit Wasser verdünnt und Perlasche zugegeben, bis der gewünschte Farbton erzielt war.

Ein zarteres Himmelblau zum Streichen von Möbeln und Schrankinnenwänden mischte man aus Preußischblau-Pigmenten und weißem Lehm. Selten kombinierten die Shaker mehr als zwei Farben in einem Raum. Blau wurde gern

oben Starke Blau-Weiß-Kontraste sind eine klassische Farbkombination des ländlichen Stils. Das Ruderboot im Wohnraum einer ehemaligen, in ein Ferienhaus umgewandelten Fischerhütte wirkt durch den blauen Anstrich in verschiedenen Verwitterungsnuancen, als treibe es in ruhiger blauer See. **links** Das Gefühl, auf See zu sein, verbreitet sich, wenn auch dezent, überall in dieser umgebauten Scheune. Das Tageslicht spiegelt sich auf den gewellten, kalkig blauen Wänden wie auf der Wasseroberfläche. **rechts** Die leuchtenden türkisblauen Holzarbeiten und der frische weiße Mörtel bilden einen schimmernden Kontrast, der das wenige Licht, das in das mediterrane Badezimmer fällt, maximal ausnutzt.

mit Weiß oder dunklem Ziegelrot abgestimmt, um einen einfachen, jedoch dezent eleganten Effekt zu erzielen.

Blaue Paneele und blaues Balkenwerk werden oft mit der amerikanischen Kolonialzeit in Verbindung gebracht. Die Stadt Williamsburg in Virginia war sogar Namenspatronin für die kräftige blaue Farbe, die so charakteristisch für den Kolonialstil ist. Das matte Graublau verträgt sich exzellent mit anderen klassischen Farben des Kolonialstils wie Rostrot oder Strohgelb und bringt einen Hauch bescheidener Würde in einfache, ländliche Innenräume.

Auch leuchtend blaue Farbtupfer spielen in einer Landhaus-Einrichtung eine Rolle. Blau-Weiß etwa ist eine klassische Farbkombination des ländlichen Stils und paßt vor allem in Küchen. In Europa erfreute sich diese Farbkombination erstmals im 17. Jahrhundert größter Beliebtheit, als die ersten Schiffsladungen mit blau-weißem Porzellan aus China eintrafen. Die Europäer kopierten die exotischen Waren und legten den Grundstein für ihre eigenen Blau-Weiß-Traditionen: Delfter Fayencen aus Holland, Azulejos aus Portugal und englische Weidenmuster. Blauer Ginganstoff und solides blauweißes Steingut setzen einen frischen Akzent in *Pure Country*-Küchen, ohne zu verspielt oder übertrieben traditionsverbunden zu wirken.

oben Gedämpfte Naturtöne und das zarte Blau des karierten Baumwolläufers auf dem oberen Treppenabsatz bereiten den Weg für die kräftige Kombination aus Dunkelblau und Weiß im anschließenden Schlafzimmer. Durch das unverhängte, freie Fenster fällt Licht bis in den hintersten Winkel des Raums.

rechts In einem alten texanischen Bauernhaus bilden Himmelblau, Maisgelb und Erdbraun eine Farbkombination, die eindeutig der Landschaft nachempfunden ist. Das blau-weiße Gingan-Rollo und der Teigtisch zur Brotherstellung mit dem lockeren Blumenarrangement im Steinkrug unterstreichen das Bild vom einfachen Landleben.

Grün

Beruhigend, dezent und bescheiden – die Grüntöne von *Pure Country* ähneln den traditionellen Farben, die mit mineralischen und pflanzlichen Pigmenten hergestellt wurden.

oben Die Grüntöne des Eichenzweigs auf der blaßgrünen Wand über der Tür erinnern an die Pigmente alter Tage. **rechts** In einer umgebauten Scheune an der Küste von Norfolk eröffnen meergrüne und meerblaue Wände in nebeneinander liegenden Schlafzimmern ein Küstenthema. **Mitte rechts** Das Lichtspiel auf der wellenförmigen, in Meertönen gestrichenen Wand spiegelt die See mit all ihren Nuancen wider. **ganz rechts** Die grüne Wand harmoniert mit dem alten Tischchen.

Bis Anfang dieses Jahrhunderts waren farbechte grüne Pigmente auf dem Lande nur schwer zu bekommen. Am leichtesten zugänglich waren grüne Farbstoffe, die aus natürlichen Quellen wie Kupferoxid und Erde gewonnen wurden. Grünerde, ein blaugrünes Pigment, das aus grünlichem Lehm hergestellt wurde, war lange Zeit die gebräuchlichste grüne Farbe und ein charakteristisches Element ländlicher Innenräume quer durch Nordeuropa und Amerika. Man mischte das Pigment mit Kaseinfarbe oder Kalktünche und erhielt durch Beigabe von Weiß eine wun-

derschöne Abstufung gräulicher Grüntöne. Die zarten, gedämpften Farben besitzen eine kühle Eleganz und verfehlen auch heute im modernen Landhausstil ihre Wirkung nicht. Besonders gut wirken sie in Verbindung mit anderen Naturfarben wie Creme-, Ocker- und Brauntönen.

Im Mittelmeerraum versetzte man Kalktünche mit einem leuchtenden Meergrün, das aus Kupfercarbonat – einem Nebenprodukt des Kupferbergbaus – gewonnen wurde, und verwendete das Gemisch für den Außenanstrich von Fen-

sterläden und Türen. Wie auch das tiefe, satte Blau, das für den Mittelmeerraum so typisch ist, erscheint das kalkige Grün im Sonnenlicht strahlend und besitzt im Schatten eine ruhige Kraft. Mit großen leuchtenden Weißflächen kontrastiert, wird es zu einem sprühenden Meergrün.

Im 19. Jahrhundert entstand durch die Entwicklung von chemischen Farbstoffen eine Palette lebendiger, greller Grüntöne, die verglichen mit den dezenten Farben aus natürlichen Pigmenten eine fast blendende Ausstrahlung hatten. Gegen Ende des 19. Jahrhunderts jedoch beschwor die Arts-and-Crafts-Bewegung, allen voran der englische Kunsthandwerker und Schriftsteller William Morris, die Rückkehr zu Pflanzenfarbstoffen und den daraus entstehenden gedeckten, ja sogar schlammigen Grüntönen.

Grün und Rot bilden als Komplementärfarben eigentlich einen Kontrast, können jedoch durchaus auch ein erfolgreiches Bündnis eingehen. Kühle, grünliche Grautöne harmonieren beispielsweise

oben Wände und Decken dieses alten texanischen Bauernhauses verzierten deutsche Siedler mit schablonierten Farbbändern. **ganz rechts** Die Wände im Eßzimmer sind in einem kräftigen Blaugrün gestrichen. Hintergrund für die Blumengirlande bildet ein gedämpfter Grünton. **rechts** Die Wohnzimmerwände schmückt ein gelbes Schablonen-Muster, das in der Girlande auf der Decke sein Echo findet. **unten** Eine Kombination aus Grün- und Cremetönen ziert dieses Schlafzimmer.

besonders gut mit wärmeren Farben wie Bräunlichrot oder Terrakotta; eine Farbkombination, die sich häufig in den Wohnhäusern amerikanischer Siedler findet. Im *Pure Country*-Stil verschaffen gedämpfte Grüntöne einen zurückhaltenden Hintergrund für kühle weiße Leinenstoffe, einfache lackierte Möbel und helle Metalle wie Silber und Zinn. Eine solche Farbgebung zaubert eine

ruhige, friedliche Atmosphäre in jedes Schlaf- oder Badezimmer. Grün ist außerdem eine ideale Farbe für die Schablonen- und Freihandmalerei, die traditionell meist Blumenmotive darstellt.

Grüne Farbtupfer erinnern an frisches Blattwerk und bringen einen Hauch von Natur ins Haus. Eine schablonierte Blättergirlande auf verputzten Wänden, ein grasgrünes Kissen, eine olivfarbene glasierte Schale aus der Provence und natürlich Unmengen frischen Grünzeugs aus dem Garten eignen sich hervorragend, um die Landschaft von draußen hereinzuholen.

Gelb und Orange

Die natürlichen Pigmente aus gelbem Ocker und Sienaerde werden seit jeher verwendet, um die typischen Goldgelb-, Bernstein- und Terrakottatöne heiterer, sonnenerfüllter Landhaus-Interieurs zu erzeugen.

Das einzige Gelb, das in ländlichen Einrichtungen eine wichtige Rolle spielt, ist der honigfarbene Gelborangeton, der aus gelbem Ocker gewonnen wird. Grelle Gelbschattierungen wie frische Zitrone oder fruchtige Mandarine sind relativ junge Farben in der Geschichte der Raumgestaltung und daher nicht gerade

typisch für den ländlichen Stil alter Prägung. Warme, kräftige Gelbtöne und saftige Orangetöne hingegen zieren seit Jahrtausenden ländliche Wohnungen. Die Farben gewann man aus den natürlichen Pigmenten Ocker und Siena, die in vielen Regionen der Welt in Lehm- und Sandböden vorkommen. Da diese Pigmente immer schon billig und leicht erhältlich waren, haben erdige Gelb- und warme Orangetöne eine lange Tradition in der Innen- und Außengestaltung von Wohnhäusern.

links Ein einfaches Essen auf der Terrasse eines südfranzösischen Gartens, in dem die letzten Sonnenstrahlen den Kamin streifen. **oben** Die sonnendurchtränkte Mischung aus kräftigen, erdigen Ockertönen und dem zarten Grün der Bäume ist charakteristisch für die mediterrane Farbpalette. **rechts** Der grobe Terrakottaputz des Kamins läßt den grünblauen Unteranstrich durchscheinen, der von der ausgebleichten Holzleiste wieder aufgenommen wird.

oben Ockergelbe Wände sind der perfekte Hintergrund für blau-weißes Porzellan. unten Gelb hellt das Dachgeschoß eines südfranzösischen Hauses auf. ganz rechts Rostrot und warmes Gelb sind eine klassische Farbkombination des *Pure Country*-Stils. Hier in einem Blockhaus in Kentucky harmoniert das warme Rot der Treppen – in den Quilts im Schlafzimmer wiederholt – mit dem Buttergelb der Wandverkleidung. rechts Im selben Gelb ist auch die Diele gestrichen.

Ocker war lange Zeit die einzige gelbe Farbe auf dem Markt. Das änderte sich erst 1820, als Chromgelb auf der Bildfläche erschien und die kräftigen, grellen Gelbtöne des Empirestils mit sich brachte. Irgendwie passen diese stechenden, künstlichen Gelbtöne besser zu Seide und Taft als zu Baumwolle und Leinen, und für eine ländliche Farbgebung sollte man die weichen Stroh- und Sandtöne einem beißenden, schwefligen Gelb vorziehen.

Ein zartes Goldgelb bringt wohlige Wärme in jedes Zuhause. Gelbes Ocker zeichnete für den satten Eierlikörton verantwortlich, den man unmittelbar mit dem amerikanischen Kolonialstil in Verbindung bringt, sowie für die erdigen Orange- und Terrakottatöne, die den italienischen und provenzalischen Stil geprägt haben. Zusammen mit weißen Pigmenten wurde Ocker der Kaseinfarbe beigemischt, um ein heimeliges Buttergelb oder blasses Strohgelb für Balkenwerk und Innenwände zu erhalten. In Skandinavien werden helle, cremige Gelbtöne für den Wandanstrich verwendet, um das wenige Tageslicht zu ver-

stärken und die Räume in einen warmen Ton zu tauchen.

Auch die Shaker hatten Gelb in ihrer Farbpalette und waren äußerst erfindungsreich, was die Quellen für ihre Gelbtöne anbelangt. Dazu zählten die Rinde des Sizilianischen Sumach-Baumes

links Grelle Gelbtöne sind nicht immer unpassend: In einem Bauernhaus in Pennsylvania ist die Innenseite eines offenen Gläserschranks in einem intensiven, stechenden Gelb angemalt, einer Farbe, die mit Einzug des chromgelben Farbstoffs Anfang des 19. Jahrhunderts in Mode kam. Sie peppt das ansonsten eher zweckmäßige Möbel etwas auf.

oben Detailaufnahme in einem Kolonialstil-Haus in Maine. Der originale, alte Eisenbeschlag der Tür sieht vor dem cremiggelben Holzwerk richtig schick aus. Gelbtöne wurden in Bauernhäusern häufig verwendet, um den Lichtmangel auszugleichen, der durch die kleinen Fenster und dunklen Holzmöbel hervorgerufen wird.

sowie Safran, Berberitze, Pfirsichblüten und Zwiebelschalen. Gelb wurde generell eher als Holzbeize verwendet und nicht als Malerfarbe. Shaker-Möbel sind häufig gelb gebeizt, und die Böden in Wohnhäusern und Läden wurden mit gelblichroter Beize behandelt. Wie viele andere Shaker-Techniken paßt das Beizen gut zum Ethos des *Pure Country*-Stils: Das Holz wird dezent gefärbt, ohne daß seine natürliche Maserung und Struktur verloren gehen.

In einem Nordzimmer erzeugt ein warmer Gelbanstrich die Illusion sonnenbeschienener Wände. Dank eines orangeähnlichen Ockertons erhalten auch Aussenfassaden einen freundlichen, warmen Anstrich. Das richtige Gelb funktioniert ebenso gut im kühlen Licht des Nordens wie in der Sonne des Südens. In Schweden waren die ländlichen Herrenhäuser häufig in einem blassen Ockerton gestrichen, abgesetzt mit weißen Fenstereinfassungen – eine Farbkombination, die von den Bauern übernommen wurde.

Manchmal verwundert es, wie Gelb auf andere Farben reagiert. Helles Strohgelb etwa paßt gut zu kräftigem Rot. Bei

Blau ist es wichtig, die beiden Farben im Ton aufeinander abzustimmen. Glückliche Kombinationen sind Kobaltblau und verblaßtes Ocker oder zartes Blau und Strohgelb. Für eine Gelb-Grün-Kombination im ländlichen Stil eignen sich kalkiges Meergrün und Ocker.

oben Strohgelbe Wände trugen ihren Teil dazu bei, in den ansonsten eher dunklen Bauernhäusern der amerikanischen Siedler ein Gefühl von Licht und Sonne zu verbreiten. Nach Sonnenuntergang wurde dieser Effekt durch Kerzenhalter mit verspiegelter Rückwand verstärkt, die den Kerzenschein in den Raum zurückwarfen. **links** Die Hakenleiste verkörpert den Stil der Shaker, bei denen jeder Gegenstand im Haushalt rein zweckmäßig war und Ordnung moralische und geistige Werte implizierte. Die Leiste diente zum Aufhängen von Kleidung, Körben, Stühlen und Haushaltsutensilien. In einem Bauernhaus in Kentucky ist sie in einem satten Buttergelb, einer typischen Shaker-Farbe, gestrichen.

Weiß und Creme

Nicht die harten, steifen Weißtöne aus modernen Pigmenten,

sondern kalkige, cremige, milchige und sonnengebleichte

Weißtöne bringen eine friedliche, zeitlose Einfachheit in eine

Pure Country-Einrichtung.

unten und rechts Creme- und Weißtöne verleihen der Dachkammer eines provenzalischen Bauernhauses eine frische Note. Das kühle Weiß des Betonfuß-bodens mit eingelegten Kieselsteinen spiegelt sich in der weiß gestrichenen Holzdecke wider. **ganz rechts** In demselben Haus setzt eine geschnitzte, weiß gestrichene Anrichte das Farbthema fort.

Hartes, strahlendes Weiß ist keine ländliche Farbe. Grelles Titan-weiß wurde erstmals in den zwanziger Jahren hergestellt; zuvor verwendeten die Leute für Verschönerungsarbeiten im Haus eine breite Palette natürlicher Weiß- und Cremetöne. Und genau diese Töne passen auch heute noch am besten in ein ländliches Ambiente. Um herauszufinden, warum das so ist, brauchen wir uns nur draußen umzuschauen. In der Natur hat jede weiße Blume einen unterschiedlichen Weißton. Selbst Schnee ist nicht reinweiß. Durch das Spiel von Sonne und Schatten ist Schnee ganz dezent grau, blau, ocker oder rosa gefärbt.

Kalkige, weiche Weiß- und Cremetöne sind typisch für ländliche Einrichtungen und Fassaden. Kalktünche kannte man

rechts Früher war eine frische, weiße Farbe Anzeichen dafür, daß der jährliche desinfizierende Kalkanstrich erfolgt war. Auch wenn heute eine solche Behandlung nicht mehr nötig ist, weckt weiße Farbe noch immer die Vorstellung von Reinheit und Frische. Hier wurden alle Holzflächen weiß lackiert und dadurch zu einer Einheit verbunden.

unten Durch die Verwendung von cremigweißer Farbe für alle Holze entsteht in der Diele der Eindruck von Licht und Raum. Der Effekt wird durch die Binsenmatte auf dem Boden weich abgefangen.

bereits vor Tausenden von Jahren. Überall auf der Welt verwendete man sie beim jährlichen Frühjahrsputz, um Innen- und Außenwände zu weißen und Schäden zu beseitigen, die Regen und Schnee hinterlassen hatten. Nach mehreren Aufträgen trocknet die Tünche zu einem sauberen, lichtbeständigen Weiß, das im Sonnenlicht strahlt und im Schatten matt aussieht. Kalktünche besitzt natürliche Eigenschaften, die bis in heutige Zeit nicht verbessert werden konnten: Der Kalk in der Tünche desinfiziert, reinigt und ist luftdurchlässig; er schützt die Wände gegen Bakterien, Insekten und Feuchtigkeit.

Bei näherer Betrachtung entpuppt sich das Weiß der Möbel und Wände in schwedischen Häusern oft als bräunlicher Cremeton oder sehr zartes Hellgrau. Die Schweden erfanden kalkige, gebrochen weiße Kalk- und Temperafarben, die das strenge, kalte Licht des Nordens milderten. Auch wußten sie die Struktur miteinzubeziehen: Architektonische Details wurden in einem leicht unterschiedlichen Grauton abgesetzt, Holz wurde niemals vollständig gestrichen, sondern lediglich gekalkt, damit die Maserung noch durchschien.

Das Reinheit symbolisierende Weiß verfehlte auch bei den Shakern nicht seine Wirkung. So verfügten sie, daß einzig die Bethäuser weiß gestrichen werden durften, um sie von Scheunen,

ganz oben Alte Küchenutensilien machen sich äußerst dekorativ vor den geweißten Wänden einer texanischen Blockhütte. **oben** Die alte Verschalung wurde in einem frischen Weiß gestrichen. **rechts** Die neuen Stauschränke im breiten Flur sind wie die Wände in reinem Weiß gestrichen. Die Schranktüren mit den Lüftungsöffnungen erinnern an alte Speiseschränke. Ansonsten sind Formen und Details auf ein Minimum beschränkt – ein gutes Rezept für den neuen ländlichen Stil.

oben Einfache Äste bilden den idealen Rahmen für robuste Küchenregale mit schlichtem weißen Porzellan. **links** Der grob verputzte Kamin in einem alten Bauernhaus in Pennsylvania sieht etwas rustikaler aus als der formale Kaminaufsatz. **rechts** Daß Weiß nicht kalt und steril wirken muß, beweist diese Küche im schwedischen Stil: Die Weißtöne verschmelzen mit angrenzenden Blau- und Grautönen zu einem harmonischen Ganzen.

Wohnhäusern und Werkstätten zu unterscheiden. In den Wohnräumen kombinierten sie oft weiße Wände mit dunkelgrünem, kräftig blauem oder tiefrotem Holzwerk; das Ergebnis war ein ordentliches und schlichtes Gesamtbild.

In einem *Pure Country*-Interieur kann mit Hilfe von Weiß- und Cremetönen eine feine, romantische Stimmung oder eine Atmosphäre zeitloser Schlichtheit entstehen. Die zarten Weißtöne, die in skandinavischen Regionen vorherrschen, sorgen für eine sanfte, zurückhaltende Eleganz, während ein reines Weiß den perfekten Hintergrund für die funktionale Schönheit und klaren Linien der Shaker-Möbel bietet. Das leuchtende Weiß, das für

gewöhnlich mit dem Mittelmeerraum in Verbindung gebracht wird, kann durch ein sattes Blau, sprühendes Meergrün oder sandiges Terrakotta abgeschwächt werden, um eine kräftige, moderne Farbgebung zu erzielen, die die mediterrane Landschaft einfängt.

Mit der Farbe Weiß verknüpfen wir heutzutage oft eine kalte, klinische Nüchternheit. Vorsichtig eingesetzt paßt sie jedoch auch gut in ein *Pure Country*-Ambiente, denn Weiß ist nicht immer gleich streng und steif. Weiß verleiht vielen Haushaltsartikeln wie Baumwollhandtüchern, Leinenservietten oder einfachem Geschirr eine ganz eigene, schlichte Eleganz.

Böden

In einem *Pure Country*-Ambiente gibt der Fußboden den Ton an – ob naturbelassenes oder gestrichenes Holz, Stein oder Terrakotta, Naturfaser oder sogar roher Beton.

In den ersten Bauernhäusern bestanden die Böden aus festgetretener oder festgestampfter Erde. Die harten Fußböden, die diese einfache Form später ablösten, wurden aus den unterschiedlichsten Materialien hergestellt, je nachdem, was die Region hergab. In der spanischen *finca* und im provenzalischen

mas bevorzugte man Terrakottafliesen, in Skandinavien und Amerika hingegen lagen aufgrund der großen Waldbestände Holzböden näher. In England waren viele Cottages mit grob behauenen Steinplatten ausgelegt. All diese ansprechenden Naturmaterialien sind extrem solide und erhalten im Laufe der Zeit eine wunderschöne Altersfärbung.

Früher bestimmte noch ein weiterer Aspekt die Wahl der Bodenbeläge: das Klima. Im Mittelmeerraum entschied man sich vornehmlich für kühlen Stein, glasierte Keramikfliesen und Terrakotta, in kälteren Regionen hingegen bedeckte man die festen Holz- oder Steinböden mit handgearbeiteten Matten oder Tep-

pichen, um den Füßen ein bißchen Komfort und Wärme zu gönnen. Dank der Vorzüge des modernen Lebens wie Zentralheizung und gute Wärmedämmung spielen klimatische Überlegungen bei der Wahl eines ländlichen Bodenbelags inzwischen nur noch eine untergeordnete Rolle. Heute zaubern Terrakottafliesen die Mittelmeersonne in New Yorker City-Apartments, und abgewetzte Fußböden im schwedischen Landhausstil zieren Londoner Stadthäuser.

Wenn in Ihrer Wohnung die Originalböden noch erhalten sind, lohnt es sich durchaus, den Teppich herauszureißen und die alten Beläge wieder zu restaurieren, selbst wenn hier und da eine Diele ersetzt werden muß. Die volle, reife Farbgebung und der rustikale Charakter alter Eichen- oder Kiefernböden sind unnachahmlich. Aber auch die perfekte, glatte Oberfläche eines neuen Holzfußbodens

ganz links Ein kunterbunter Flickenteppich bedeckt die roten Stufen in einem alten Blockhaus – eine neue Idee, denn früher waren Flickenteppiche nicht für die Treppe vorgesehen. **links** Große, alte Steinplatten und eine solide Eichentreppe zieren eine georgianische Eingangshalle in England. Unverwüstliche Bodenbeläge wie dieser wurden aus heimischen Materialien hergestellt. **rechts** Der Anstrich der breiten Holzdielen im traditionellen schwarz-weißen Schachbrettmuster war ein Versuch, dem gemütlichen ländlichen Wohnraum eines Bauernhauses in Indiana mehr Pracht zu verleihen.

hat ihren Reiz; sie bringt ein Gefühl von Geräumigkeit und Reinheit in jedes Haus.

In den ländlichen Gegenden Nordeuropas bemalten viele Menschen die Holzböden ihrer bescheidenen Bauernhäuser nach dem Vorbild der Fliesen- und Parkettböden der Adelshäuser. Solche Böden bringen Farbe ins Haus, und der dekorativen Möglichkeiten sind keine Grenzen gesetzt. Holzböden verlangen nicht viel Pflege – Gebrauchsspuren machen einen lasierten oder gewachsten Holzbelag nur noch attraktiver.

Patina. Ein weiteres preiswertes und strapazierfähiges Material ist Beton: ein innovativer Belag, der nur den richtigen Schliff braucht, um zu glänzen. Grob verstrichene Betonböden können für einen rustikalen Effekt erdfarben eingefärbt oder mit eingearbeiteten Fliesen, Kieselsteinen oder sonstigen dekorativen Elementen herausgeputzt werden.

Als wärmere, weichere Bodenbeläge mit ländlichem Charme eignen sich Naturfasermatten aus Jute, Sisal, Seegras, Kokos oder auch Binsen. Sie verleihen dem Raum eine rustikale Schlichtheit,

Obwohl die Farbauswahl streng geregelt und auf zwei bis drei Farben pro Teppich begrenzt war, verstanden es die Shaker, selbst innerhalb dieser Grenzen die schönsten Stücke herzustellen. Gewebte Baumwoll- oder Flachsteppiche waren auch in schwedischen Landhäusern sehr verbreitet. Die langen schmalen Läufer wurden in sich gefaltet, so daß man sie um die Ecke legen konnte. In modernen ländlichen Interieurs sind Läufer äußerst dekorativ und ebenso praktisch, da man sie einfach aufnehmen und in die Waschmaschine stecken kann.

Eine andere Form des Bodenbelags sind Ziegel- und Terrakottafliesen. Beide werden aus Ton gebrannt und strahlen eine sanfte Wärme aus, die sofort an gemütliche Landwohnungen erinnert. Genau wie Holzböden entwickeln Terrakottafliesen und Ziegel eine hübsche

und ihre grobe, knotige Struktur fühlt sich gut an unter den Füßen. Läufer, geflochtene Matten und Flickenteppiche vermitteln ebenfalls den ›selbstgesponnenen‹ Komfort einer authentischen ländlichen Einrichtung. Gewebte Teppiche waren Bestandteil der Shaker-Tradition.

oben links Ein dezenter Flachwirkteppich paßt zu *Pure Country*. **oben Mitte** Bemalte Holzdielen haben einen besonderen Charme. **oben rechts** Kleine blau-weiße Keramikfliesen sind genau das Richtige für ein Badezimmer. **rechts** Durch den Zusatz von Pigmenten und das eingelegte Kieselmuster wird ein Betonboden zu *Pure Country*.

Wände

Pure Country-Wände – das bedeutet traditionell Tünche und Kaseinfarbe, lasierte oder gestrichene Hölzer sowie Schablonentechnik und Freihandmalerei.

Aufgrund der Verwendung von Naturmaterialien sind die Wände ländlicher Gebäude eng mit der heimischen Landschaft verbunden. Massive Blockhauswände verströmen Wärme und Geborgenheit, Holzverschalungen trotzen den Naturgewalten, und grob behauene Steinplatten vermitteln Kraft und Sicherheit.

Holzwände regen dazu an, tief einzuatmen und den würzigen Duft von Harz, Wachs oder Leinöl in sich aufzunehmen. In alten Bauernhäusern waren die Holzwände horizontal oder vertikal mit Planken, Paneelen oder Nut-und-Federbrettern verkleidet. Auch in modernen Wohnungen hat eine Verkleidung aus ungestrichenem Naturholz einen sinnlichen, taktilen Reiz. Will man eine authentische ländliche Atmosphäre schaffen, sind gestrichene Holzwände jedoch die bessere Wahl.

links Schablonenmalerei war auf dem Lande eine günstige und leicht zugängliche Alternative zur Tapete. Die amerikanischen Siedler waren wahre Meister dieser Technik. **oben links** Handbehauene Baumstämme im Wechsel mit dicken Mörtelschichten sind typisch für die Innenräume von Blockhütten und Bauernhäusern. **oben** Weiß lasierte Stämme – ein Klassiker des *Pure Country*. **rechts** Die amerikanischen Siedler verwandelten die Holztäfelungen ihrer Häuser regelrecht in Kunstwerke.

In ländlichen Gegenden verwendete man für den Holzanstrich Kaseinfarbe. Diese Farbe, die aus Milchkasein, gemahlenen Pigmenten und Kalk hergestellt wurde, verlieh der Holzoberfläche einen schönen, dauerhaften Glanz. In Europa und Skandinavien wurde Kaseinfarbe bereits im 17. Jahrhundert zum Streichen von Holzarbeiten benutzt; mit Hilfe kräftiger Farben wie Rostrot und Apfelgrün holten sich die Bewohner etwas Leben in die winterlichen, unweigerlich düsteren Räume.

Dennoch wird Kaseinfarbe am engsten mit dem Kolonialstil der amerikanischen Siedler in Verbindung gebracht, die die Holzwände ihrer Häuser in kräftigen Grün-, Blau- und Rottönen strichen. Damals zogen in Amerika sogenannte ›color men‹ übers Land und verkauften Pigmente, die zusammen mit heimischen

rechts Nach dem Vorbild traditioneller Fischerhütten sind die Wände dieses Einraum-Landhauses aus Adobe und Holz gefertigt. Aus rein optischen Gründen hat der erfindungsreiche Innenarchitekt heimisches Bambusrohr in die luftgetrockneten Lehmziegel eingelegt. **ganz rechts** Moderne, gebleichte Holzplanken, die eher an ein Schiff erinnern, strukturieren die Wände in einem Haus am Meer.

Substanzen zu Kaseinfarbe verarbeitet wurden. Diese rieb man fest in die Holzmaserung ein, und der Anstrich hielt buchstäblich ein Leben lang. Kaseinfarbe ist weitaus pastoser als unsere heutigen dünnflüssigen Farben. Den glänzenden, strukturierten Effekt mit modernen Farben zu erzielen, ist nicht leicht. Vielleicht kommt das Beizen diesem Effekt am nächsten, da es die Maserung des Holzes noch durchscheinen läßt. Wenn Holzwände ohne Farbanstrich bleiben sollen, gibt es je nach Holzart verschiedene Möglichkeiten der Oberflächenbehandlung. Matte Lasur ist ideal für Kiefer, während offen gemaserte Harthölzer wie zum Beispiel Eiche eher mit Leinöl gestrichen werden sollten.

Holztäfelungen waren ursprünglich den herrschaftlichen europäischen Häusern vorbehalten. Dank des enormen Holzbestands in der Neuen Welt setzten sie sich jedoch auch im bescheidenen Heim des amerikanischen Siedlers durch. Während in Nordeuropa die Räume vollständig getäfelt waren, beschränkte sich die Holzverkleidung in der Neuen Welt meist auf die Kaminwand oder reichte nur bis in die Höhe der Wandleiste. Wandtäfelungen haben etwas wunderbar Altertümliches, und mit einem Anstrich in amerikanischen Kolonialfarben – ›Williamsburg‹-Blau oder rostiges Blutrot – sind sie noch mal so schön.

Auch Mörtel ist ein Material, das früher zur Wärmedämmung aufgetragen wurde und heute allein der Wandverschönerung dient. Früher verwendete man diesen Putz, um eine einheitlich glatte Oberfläche zu erhalten, heute hingegen wählt man für Wohnungen im Landhausstil eher eine unebene, leicht strukturierte Wandoberfläche. Bis Mitte des 19. Jahrhunderts wurden

auf dem Lande die verputzten Wände mit Kalkmilch getüncht, die dann allmählich von der Leimfarbe, einem Gemisch aus Schlämmkreide und Wasser, abgelöst wurde. Diese reibt nicht so schnell ab wie Kalktünche, ergibt im getrockneten Zustand jedoch einen ebenso kreideartigen Anstrich. Will man eine ähnliche Wandoptik in modernen Wohnungen erzielen, empfiehlt sich die Verwendung von Spezialfarben, die den Effekt früherer Kalk- oder Temperafarben nachahmen.

Die Freihand- und Schablonenmalerei waren ursprünglich Gestaltungstechniken des ›kleinen‹ Mannes, der damit teure Materialien wie Marmor imitierte. Im 19. Jahrhundert wurde die Schablonenmalerei schließlich eine preiswerte Alternative zur Tapete. Heute ist diese Technik eine Kunst an sich. Durch ihren naiven Charakter passen Wandbemalungen besser zum *Pure Country*-Stil als industriell hergestellte Tapetendesigns, und noch das einfachste Motiv verleiht einem Raum einen Touch Originalität.

links Die Außenwände dieses Hauses in Maine sind mit Holzschindeln verschalt, die Stabilität und Haltbarkeit ausstrahlen. Die blaue Kaseinfarbe auf Tür und Stufen bildet einen brillanten Kontrast zu dem Naturholz. **rechts** Die Spuren der Zeit haben den Holzplanken dieses texanischen Hauses eine schöne Oberfläche verliehen. Die elegante Wand- und Deckendekoration im Innenraum ist vermutlich die Arbeit eines der zahlreichen Wandermaler, die damals über Land zogen.

Mobiliar

Viele Landbewohner waren versierte Handwerker, die sich während der langen Winterabende ihre Zeit mit der Herstellung einfacher, funktionaler Holzmöbel vertrieben. In einigen Gegenden wurden ihre Heimwerkerstücke mit Arbeiten von über Land ziehenden Zimmerleuten, Drechslern und Tischlern ergänzt. Solche fahrenden Handwerker, die in die Dörfer kamen, um im Auftrag der Bewohner Möbel zu fertigen, führten häufig jahrhundertealte Muster und Formen fort.

Trotz ihres unterschiedlichen Ursprungs ist allen Landhausmöbeln eines gemein: Sie bestechen durch ihre elegante Einfachheit, denn das Mobiliar sollte in erster Linie zweckmäßig sein. Daher können solche Möbel aus verschiedenen Epochen und Ländern heute in perfekter Harmonie nebeneinander bestehen.

Ländliche Möbel müssen nicht immer gleich alt sein. Auch moderne Stücke passen gut in ein *Pure Country*-Ambiente, sofern sie einige Bedingungen erfüllen. Sie sollten aus Naturmaterialien gefertigt sein, eine klare Linie aufweisen und von kraftvoller, praktischer Schönheit sein. Vor allem dürfen *Pure Country*-Möbel keine harten Kanten haben; sie sollten nicht flecken- und makellos sein, aber einladend und gemütlich.

vorausgehende Seite Die Schlichtheit des langen Landhaustisches mit dem frischen blau-weißen Leinentischtuch, den Gartenblumen und dem einfachen Mahl bringt das Wesen von *Pure Country* auf den Punkt. rechts Die salzglasierten Steinkrüge in natürlichem Taupe wirken vor der blaugrünen Farbe der Regale besonders schön.

links Der stabile Tisch mit zwei Schubladen kann sich gut gegen die massiven, groben Holzwände des amerikanischen Landhauses behaupten. Ein solcher Tisch war früher Dreh- und Angelpunkt des ländlichen Familienlebens. **oben** Der niedrige, mit einem blau-weißen Tuch gedeckte Tisch ist eine moderne Interpretation des ländlichen Stils. **ganz rechts** Kleine Holztische waren häufig aus dem Holz geschnitzt, das auf dem Anwesen heimisch war. Heute sind sie begehrte Sammelobjekte. **rechts** Der praktische Bauerntisch auf der Holzveranda bietet eine zusätzliche Arbeitsfläche. **rechts unten** Ein hübscher französischer Bauerntisch aus Mahagoni, einem der teureren Hölzer im Möbelbau.

Tische

Ob lange, breite Küchentische oder kleine, platzsparende Klapptische – eines haben alle Landhaustische gemein: Sie sind überaus praktisch.

Im Mittelalter hatten die Häuser auf dem Lande oft nur einen Raum, der zugleich zum Essen, Schlafen und Arbeiten diente. Die ersten Tische waren daher sehr rudimentärer Art und bestanden aus Brettern und Böcken, die nach der Mahlzeit wieder abgebaut und zur Seite geräumt werden konnten. Erst im 16. Jahrhundert erhielt der Tisch seine uns vertraute Form auf vier Beinen. Aber auch dann blieb er in den Einraumwohnungen vieler ländlicher Gemeinden ein entbehrliches Möbelstück.

Lange Tische im Refektorium-Stil fanden sich früher nur bei wohlhabenderen Bauern und Gutsbesitzern, die größere Häuser bewohnten. In kleinen Landhäusern hingegen mußte man Platz sparen, was zu zahlreichen raffinierten Tischmodellen führte: Sogenannte Mönchsbänke ließen sich beispielsweise zum Tisch umbauen, indem man die Rückenlehne hochhob und auf die Armlehnen legte. Der ›Drop-Leaf‹-Tisch, der auch heute noch weit verbreitet ist, war vor allem in Schweden sehr beliebt. Klappt man die Seitenblätter mit den sich aufstellenden Tischbeinen hoch, wird aus einem schmalen Wandtisch im Handumdrehen ein Eßtisch für acht Personen.

Tischbeine, Streben und Tischplatte eines Möbelstücks waren auf dem Lande oft aus verschiedenen Holzsorten gefertigt – nur die Beine waren aus kräftigem Hartholz geschnitzt, während die Tischplatte aus dickeren und preisgünstigeren Weichholzbrettern bestand. Solche Tische waren manchmal angestrichen, um die unterschiedlichen Holzarten, aus denen sie gemacht waren, zu kaschieren. Manche waren in einem Holzton wie zum

oben Klapptische waren die idealen Platzsparer in Häusern, in denen sich das gesamte Familienleben in einem Raum abspielte. Ein solches Möbel sollte in einer ländlichen Einrichtung nicht fehlen, und wenn man nur eine Vase mit frischen Blumen darauf stellt. links Tische wie dieser ›Halbmond‹ waren früher Luxusartikel. **ganz rechts und rechts oben** Der berühmte, unschlagbar praktische ›Drop-Leaf‹-Tisch ist in Schweden weit verbreitet. Dieser hier bietet bei Bedarf Platz für acht Personen und läßt sich mühelos zu einem Wandtisch zusammenklappen und aus dem Weg räumen.

Beispiel Mahagoni gestrichen, aber Küchentische blieben in der Regel unbehandelt, damit sie gründlich gescheuert und geschrubbt werden konnten.

Kleine Wandtische tauchten zum ersten Mal im 17. Jahrhundert in den prachtvollen Speisezimmern des Adels und der Oberschicht auf. Die bestechende Zweckmäßigkeit dieser Möbel führte dazu, daß sie schon bald auch in den Häusern der Bauern zu finden waren. Die vielseitigen Tischchen, die häufig mit einer kleinen Schublade versehen waren, hatten in jedem Zimmer eine sinnvolle Aufgabe. So dienten manche als gelegentlicher Schreib- oder zusätzlicher Arbeitstisch. Die Shaker beispielsweise stellten große Mengen kleiner Arbeitstische her, die mit einer Schublade zur Aufbewahrung von Näh- oder Strickutensilien ausgestattet waren.

links Der kleine stabile Stuhl mit Sitzfläche aus geflochtenen Binsen ist ein Klassiker des ländlichen Wohnstils und überall auf der Welt zu Hause. Er paßt am Eßtisch, im Schlafzimmer und am Schreibtisch gleichermaßen gut. **oben** Der Schaukelstuhl ist ein weiterer urtypischer Vertreter. Dieses handgeschnitzte Modell mit geflochtener Sitzfläche und Rückenlehne steht auf einer schattigen Veranda. Nach einem harten Arbeitstag bot ein solcher Stuhl Ruhe und Entspannung. **rechts** Der wunderschöne französische Stuhl aus Kastanie mit gewebtem Sitz ist eine Variation des einfachen Stuhls links. Mit seiner breiten Sitzfläche und den anheimelnden Holzarmlehnen ist er ein exquisites Sammlerstück. **ganz rechts** Die Rückenlehne des alten Stuhls wurde im Ton auf das Farbschema aus Ocker und Blaugrün abgestimmt.

Stühle und Bänke

Rustikale Stühle und Bänke zeugen von der außergewöhnlichen Kunstfertigkeit der Landbevölkerung. Mit traditionellen Methoden, die der Vater an den Sohn weitergab, einfachem Werkzeug und natürlichen Rohstoffen aus der Region entstanden auf dem Land wunderschöne Stühle, die wir bis heute in Ehren halten.

Urwüchsige, teils grobbehauene ländliche Stühle besitzen häufig einen sehr viel größeren Reiz als reich verzierte, klassische Modelle. Ihre einfachen Formen und Materialien, Patina und Gebrauchsspuren treffen den Geist von *Pure Country*.

Für den Bau eines Stuhles suchten die Arbeiter ihr Holz sorgfältig aus – in England etwa verwendete man gerne Eiche, weil sie solide und strapazierfähig ist. Das Holz wurde entlang der Maserung geschnitten, damit es möglichst biegsam blieb, und anschließend auf einer Drehbank bearbeitet. Um das Holz für bestimmte Partien zu biegen, wurde es über Wasserdampf gehalten und in Form gebogen, solange es geschmeidig war. Mittels geschnitzter Stifte und Keile wurden die Stuhlteile dann montiert.

Stühle gibt es in großer Vielfalt, da jedes Land und jede Region ihre eigenen Stile und Traditionen hervorgebracht haben. Einige Formen jedoch wird man immer mit dem Landleben in Verbindung bringen: Der anmutige ›Leiterlehnstuhl‹ ist ein solches Beispiel – sowohl in Europa als auch in Amerika zählt er zu den Klassikern des ländlichen Wohnstils. Die leiterförmige Rückenlehne des Stuhls besteht aus drei oder vier gebogenen Holzleisten. Die Sitzflächen wurden aus dem Material hergestellt, das die heimische Natur hergab: Am Fluß nahm man Binsen, in Ländern mit großen Rinderherden Rohleder und an der Küste das Seil der Fischer. In Schweden wurden sie gepolstert und mit einfachen Baumwollstoffen bezogen. Die erlesensten

Leiterlehnstühle kamen aus den Werkstätten der Shaker. Sie waren stabil und doch leicht genug, um sie an einer Hakenleiste aufzuhängen, und ihre Sitzfläche war aus selbstgefertigten Leinenbändern geflochten.

Ein weiterer Klassiker ist der Windsor-Stuhl. Seine besonderen Kennzeichen sind der bogenförmige Rahmen mit den charakteristischen Speichen und der solide Sattelsitz. Das ursprünglich englische Modell wurde später von den amerikanischen Siedlern aufgegriffen und ist heute auf beiden Seiten des Atlantiks zuhause. Sowohl Leiterlehnstühle als auch Windsor-Stühle werden auch heute noch hergestellt. Und da sie so schlicht und bequem sind, passen sie ausgezeichnet in eine moderne ländliche Einrichtung.

Der Schaukelstuhl ist für viele heute der Inbegriff des gemächlichen Landlebens. Dabei galt er noch bis Anfang des 20. Jahrhunderts in erster Linie als Stuhl für ältere Leute. Nur die Shaker wußten seinen Wert früh zu schätzen und stellten solche Stühle in jeden Ruheraum.

Bänke sind vielseitige Möbel, die sich aus Kisten und Kästen entwickelt haben sollen. Bis Ende des 16. Jahrhunderts die ersten freistehenden Bänke auftauchten, kannte man Bänke nur als Einbaumöbel. Die Sitzmöbel waren multifunktional – unter der Sitzfläche der Bank befand sich ein nützlicher Stauraum, in dem das Bettzeug oder der Nachttopf Platz fand. Die Rückenlehne der Mönchsbank war mit Scharnieren versehen, so daß sie zu einem Tisch umgeklappt werden konnte. Einige Siedler hatten sogar Vorratsschränke in die Rückenlehne eingebaut.

ganz links Die neue Version einer alten Sitzbank trägt noch immer die klaren, einfachen Linien des ländlichen Stils. Eine dicke Polsterung und eine schräge Rückenlehne sorgen für zusätzlichen Komfort. **oben links** Ein robuster Gartenstuhl gibt sein Debüt in einem Innenraum als zusätzliche Sitzgelegenheit zu den traditionellen Wohnraumstühlen. Holt man sich ein Stück Garten ins Haus, erhält der Raum gleich eine ländliche Note. **rechts** Der wunderschöne, getäfelte Raum in einem Haus in Connecticut bekommt durch die englische Bank aus Ulmenholz etwas Standfestes und Solides. Eine solche Bank anstelle von Stühlen und Sofas kann einen starken ländlichen Akzent setzen.

Betten

Die Sorge um ein warmes Nachtlager wich im Laufe der Zeit dem Wunsch nach Sauberkeit im Schlafzimmer. Form und Gestalt ländlicher Betten haben sich entsprechend verändert.

Genau wie Tische zählten auch Betten früher keineswegs zum ständigen Mobiliar ländlicher Behausungen. Vielmehr wurden abends im Hauptraum des Hauses strohgefüllte Matratzen ausgelegt, damit die Bewohner von der Restwärme des erlöschenden Kaminfeuers profitieren konnten. Bei der Konstruktion von Betten stand immer nur ein Ziel im Vordergrund: Es sollte warm halten. In kalten Klimazonen waren die Betten manchmal wie kleine Kammern in Wandnischen eingebaut, verborgen hinter Türen, die mit farbenprächtigen Motiven verziert waren. Auch das Himmelbett entstand aus dem Bedürfnis, im Bett nicht zu frieren, und war demzufolge mit dicken, gepolsterten Vorhängen verhängt.

Für viele Leute auf dem Land war ein Bettgestell das Wertvollste, was sie besaßen. In Mitteleuropa schenkte man einem frisch vermählten Paar oftmals ein Holzbett, das ihr ganzes Leben halten und als Familienerbstück an künftige

Generationen weitergegeben werden sollte. Meist waren die Betten mit kunstvollen Mal- oder Schnitzarbeiten verziert, die Blumen und Blätter oder religiöse Motive darstellten. Die Kinder teilten den Schlafraum mit ihren Eltern und schliefen in der Regel in kleinen Rollbetten, die tagsüber unter ein größeres Bett geschoben werden konnten.

Die amerikanischen Pioniere bauten Bettgestelle aus Holz, die einfach auseinandergenommen und hinten im Planwagen verstaut werden konnten. Wenn sich die Siedler dann schließlich auf einem Stück Land niederließen, wurden die Betten wieder zusammengebaut und das Lager mit frischem, trockenem Stroh bedeckt. Obenauf legte man dicke, daunengefüllte Unterbetten und darüber wiederum schwere Quilts.

Die ersten Bettrahmen wurden aus Holz und Metall gefertigt. Im 19. Jahrhundert galten Gitterbetten als eine preiswerte, hygienische Alternative zum Holzbett und waren in ländlichen Schlafzimmern und Dienstbotenkammern weit verbreitet. Alte Messing- oder Eisenbettgestelle findet man heute noch auf Trödlermärkten, allerdings sind sie an modernen Standards gemessen meist recht

links Das moderne Himmelbett mit der klaren Form hat noch etwas von einem simplen Bauernbett. Der locker drapierte Baldachin aus gestreiftem Segeltuch hat eine rein dekorative Funktion.

klein. Erfreulicherweise kann man vielerorts Reproduktionen solcher Betten mit etwas großzügigeren Abmessungen erstehen. Wer das Glück hat, ein unlakkiertes Messingbett zu entdecken, sollte zugreifen, da das Metall mit Sicherheit eine ansprechende Altersfärbung angenommen hat.

Die einfallsreichen Schweden erfanden platzsparende Ausziehbetten. Wenn das Bett nicht gebraucht wurde, konnten Kopf- und Fußbrett auf die Hälfte der Bettlänge zusammengeschoben werden, was vor allem in den kleinen Bauernkaten ungemein praktisch war. In Frankreich und Schweden besaß manch ein bessergestellter Landbewohner mit Sinn für

unten links In diesem amerikanischen Bett wird die Matratze von einem Seil gehalten, das zwischen den Rahmenbrettern verspannt ist. Die gedrechselten Pfosten erinnern an ein Himmelbett.

unten Das rauhe Leben in den amerikanischen Grenzstädten ließ wenig Zeit für Firlefanz. Das Bett mit dem einfachen Kopfbrett ist nicht mit verschnörkelten Kissen und Decken überladen.

Stilvolles ein Tagesbett. Diese eleganten dreiseitigen Betten waren ausgesprochen vielseitig – tagsüber dienten sie als Sofa, nachts schlief man darauf.

unten links Das klassische Bett im Kolonialstil verströmt eine ruhige Eleganz. Und wer sich das Original nicht leisten kann – es gibt unzählige Nachbildungen dieses Modells.

unten Das etwas jüngere Kopfstück aus dunklem Holz wird von maschinell gedrechselten Gerstenzopf-Bettpfosten flankiert und von kunstvoll durchbrochenen Schnitzarbeiten eingerahmt.

Wenn die Landfrauen Hühner rupften, hoben sie die Federn auf, um daraus Unterbetten zu machen – ein ungeheurer Luxus für Leute, die es gewöhnt waren, auf kratzigen Strohsäcken zu schlafen. Mit Daunen gefüllte Unterbetten waren ungemein warm und weich, eher so wie riesige Knautschkissen, und sind noch heute in manch ländlichem Haushalt in Gebrauch. Meist lagen die Matratzen auf Holzlatten, die über den Bettrahmen gelegt wurden. Manche Betten hatten statt dessen ein Seil zwischen dem Rahmen verspannt. Von dieser Art Matratzenunterlage stammt der Ausdruck ›fest schlafen‹: Die Seile wurden festgezogen, damit die Matratze nicht durchhing.

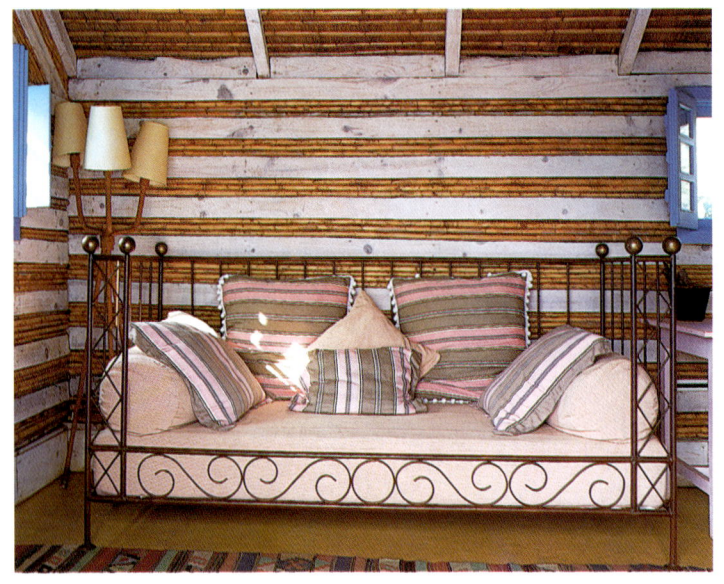

Eine stabile Bettcouch, wie sie in den 50er Jahren dieses Jahrhunderts aufgekommen ist, paßt nicht in ein ländliches Schlafzimmer und ist nur unpraktisch. Unter dem Möbel sammelt sich der Staub, und es ist zu schwer und zu sperrig, um es ständig herumzurücken. Moderne Holzbetten mit geschnitzten Beinen, Kopf- und Fußbrettern sind leicht zu finden und machen sich viel besser in einem *Pure Country*-Schlafzimmer. Die Shaker montierten ihre hölzernen Bettgestelle auf Rollen, so daß sie die Betten bequem zur Seite schieben konnten, wenn der Boden gewischt wurde. Einfache Himmelbetten aus Holz oder Metall sind heute ebenfalls überall erhältlich, aber mit Vorhängen bestückt wirken sie allenfalls wie ein historisches Relikt. Viel hübscher ist es, eine Bahn Musselin locker von der oberen Stange hängen zu lassen, einen Wappenrock aus gestreiftem Drillich zu

oben links Tagesbetten lassen eigentlich eher an Menschen denken, die mehr Zeit zur Verfügung haben als die gemeine Landbevölkerung. Ein gut gewähltes Modell jedoch findet auch in einem *Pure Country*-Interieur seinen Platz. Das Metallbett mit den Kissen aus gestreiftem Drillich wirkt keineswegs deplaziert in seiner Umgebung. Wo Raum knapp ist wie hier in diesem winzigen Cottage, können Vielzweckmöbel ebenso praktisch wie stilvoll sein. **links** Ohne den Anstrich in verwaschenem Apfelgrün, die beiden Kissen aus einfachen Baumwollstoffen und den Überwurf mit dem zarten Blumenmuster wäre diese reduzierte Version eines französischen *lit bateau* wohl zu pompös für die rustikale Kammer.

schneidern und über das Dach und hinter das Kopfbrett zu schlingen, oder das Bett ganz einfach unverziert zu lassen.

Heutzutage haben die meisten Wohnungen Zentralheizung, und dank gut isolierter Fenster zieht der eisige Wind nicht mehr durch die Ritzen. Doch gesunder Schlaf ist unverzichtbar, will man mit dem hektischen Tempo des modernen Lebens Schritt halten. Hier darf man ruhig schon mal etwas tiefer in die Tasche greifen: Da eine Matratze mit der Zeit leider nicht besser wird, lohnt es sich, das teuerste Qualitätsprodukt zu kaufen, das man sich leisten kann. Das gleiche gilt für Kopfkissen – ein einziges gutes Kissen sollte für eine erfrischende Nachtruhe reichen. Ein Berg aus volantumrandeten Nackenrollen und spitzenbesetzten Zierkissen widerspricht dem einfachen Geist von *Pure Country* – außerdem landen sie ja doch jede Nacht auf dem Boden.

oben rechts Das Spulenbett hat seinen Namen von den gedrechselten Holzstangen, die aussehen wie aneinander gesetzte Baumwollspulen. Es ist ein klassisches amerikanisches Bauernbett des 19. Jahrhunderts und behauptet sich gut gegen die massiven Mörtel- und Holzwände der Blockhütte. Frisches blau-weißes Bettzeug und ein alter Quilt runden das Ganze perfekt ab. **rechts** In ländlichen Wohnräumen herrschte immer Platzmangel, und den Raum warm zu halten war ein täglicher Kampf. Abhilfe brachte eine gemütliche Schlafkoje, die unter den Dachgiebel gebaut wurde, wo sonst nicht viel hinpaßte und wo sich die warme Luft fing. Die hübschen Karoquilts vollenden den ländlichen Charme der Bettstatt.

Stauraum

in einem *Pure Country*-Ambiente sollten nur Dinge, die es wirklich wert sind, einen Platz in schön verarbeiteten Regalen und Anrichten erhalten. Die alltäglichen Gebrauchsgegenstände hingegen verschwinden besser in schlichten Schränken, Kisten und Kommoden.

oben links Der Schrank im amerikanischen Kolonialstil ist den Möbeln nachempfunden, die die Siedler im Heimatland zurückließen. **Mitte links** Eine Weiterentwicklung des Wandtisches – die Anrichte. Dieses englische Möbelstück aus Eiche bietet eine praktische und attraktive Lösung zur Aufbewahrung von Alltagsgegenständen. **unten links** Dieser Geschirrschrank wurde an den Kaminvorsprung angepaßt. **links** Der kunstvoll gearbeitete Küchenschrank erinnert eher an eine Anrichte. **unten** Den alten Schrank im ländlichen Stil ziert eine Steinkrugsammlung. **oben rechts** Ein alter freistehender Vorratsschrank steht auf hohen Beinen, um hungrige Mäuse abzuhalten. **rechts** Die modernen Küchenschränke repräsentieren mit den einfachen Details den *Pure Country*-Stil.

Einbauschränke waren die ersten Schrankmöbel in Landhäusern. Sie wurden tief in die Wand eingelassen und mit einer Tür versehen. Viele waren abschließbar und dienten in erster Linie zur Aufbewahrung von Lebensmitteln. Vor allem teure Produkte wie Tee, Gewürze und Zucker standen hier gut geschützt vor Schädlingen und in sicherer Entfernung zu dem oft klammen Erdboden. Manchmal wurden Schränke sogar in andere Möbel eingebaut, so etwa in die Rückenlehne oder Sitzfläche von Holzbänken. Andere wiederum verschwanden in Wandnischen, wie der mittelalterliche *aumbry*, ein einfacher Schrank, aus dem sich später der klassische französische Armoire entwickelte.

oben Ein altes Tellerregal bietet nützlichen Extrastauraum in der Küche und wirkt in einer ländlichen Einrichtung sehr stilvoll. Häufiger findet man es an seinem Standardplatz über der Spüle.

links Tiefe Wandschränke mit einfachen Türen bieten ein Maximum an Stauhfläche und lassen den Raum ordentlich aussehen. Die Schlichtheit der Schränke erinnert an den amerikanischen Kolonialstil.

ganz rechts In einer ländlichen Speisekammer bieten offene Holzregale Platz für Körbe und Krüge in verschiedenen Naturtönen. Solche Speisekammern hatten ursprünglich einen Steinboden und Marmorregale, um die Speisen kühl zu lagern.

Mitte rechts Bücherregale bis unter die Decke mit einem integrierten Sofa sind platzsparend und bieten Stauhfläche für eine ständig wachsende Bibliothek. Die Deckenleiste über der Regal- und Fensterfront unterstützt die räumliche Einheit.

rechts Auch diese Art von Bücherregalen mit einfachen Formleisten harmoniert mit dem ländlichen Ambiente.

Die Anrichte ist eine Weiterentwicklung der Wandtische, die teils mit Schubladen unter der Tischplatte ausgestattet waren. Auf das simple Möbel wurden einfach mehrere Regale aufgesetzt, und schon war die Anrichte geboren. Sie war ebenso praktisch wie dekorativ und kombinierte abgeschlossenen Stauraum mit offener Regalfläche. Ihre Form variierte von Region zu Region: Einige Anrichten hatten ein ›Topfbrett‹ – ein breites Regal zwischen den Schubladen –, bei anderen bestand der untere Teil komplett aus Schrankelementen. Es gab sie freistehend und eingebaut, mit oder ohne Bemalung – der Phantasie waren keine Grenzen gesetzt. Auch heute bietet eine Anrichte reichlich Stauraum für eine Fülle von

Gegenständen und ist zugleich wertvolle Ausstellungsfläche. Blau-weißes Porzellan hebt sich wunderschön gegen dunkles Holz ab, Töpferware aus dem 19. Jahrhundert bildet den idealen Kontrast zu heller Fichte und ›Williamsburg‹-Blau den perfekten Hintergrund für cremefarbenes amerikanisches Steingutgeschirr.

Zu den freistehenden Schrankmöbeln zählten auch große Garderoben, Kommoden und Wäschetruhen. Garderoben waren vor allem in Mitteleuropa, Skandinavien und Frankreich verbreitet. Häufig waren sie mit Blätterranken und anderen Naturmotiven bemalt. In Frankreich diente der traditionelle Armoire – ein großes garderobenähnliches Möbel, häufig mit kunstvollen Schnitzarbeiten verziert – zur Aufbewahrung von Kleidung und Lebensmitteln.

Jede amerikanische Siedlerfamilie besaß mindestens eine stabile Holztruhe, in der während der langen Fahrt über den Atlantik die wenigen Habseligkeiten verstaut waren. Am Ziel angekommen wurden in der Truhe dann Bettwäsche, Quilts, persönliche Dinge und Kleidung aufbewahrt. Darüber hinaus konnte sie bei Bedarf zu einer zusätzlichen Sitzgelegenheit oder einem Tisch umfunktioniert werden. Bauerntruhen entstanden überall in Europa in großen Mengen, da für ihre Herstellung wenig handwerkliches Geschick nötig war. Auf Flohmärkten und im Antiquitätenladen findet man guterhaltene Exemplare, die auch in einer modernen Wohnung im ländlichen Stil sehr nützlich sind.

links und ganz unten Da wir heute mehr Stauraum benötigen als unsere ländlichen Vorfahren, müssen Menge und Größe der unterzubringenden Dinge immer genau bedacht werden. Die blau lackierten Regale sind zweckmäßig und doch elegant. **unten** Der alte Schrank mit Löffelbrett ist ausgesprochen praktisch.

Wandregale waren typisch für ländliche Küchen; hier wurden die Dinge aufbewahrt, die täglich gebraucht und gespült wurden, wie Teller, Tassen, Holzlöffel, Kellen und Kochtöpfe. Auch in der modernen Küche sind offene Regale viel schöner als eine Reihe melaminbeschichteter Hängeschrankelemente. Regale aus abgeschmirgelten groben Brettern oder verwitterten Gerüstbohlen bieten Kochbüchern oder Kaffeedosen einen attraktiven Rahmen und sind gleichermaßen nützlich wie dekorativ.

»Bewahre deine Dinge so auf, daß du sie jederzeit, Tag und Nacht, wiederfindest«, gemahnte Mutter Ann Lee die Shaker, deren Schränke und Regale wahre Kunstwerke waren. Die Einbauschränke in den Wohn- und Arbeitsräumen der Shaker sind der beste Beweis ihres Könnens. Diese einfachen Truhen und

rechts Feiner Maschendraht wurde früher gerne für die Front von Küchenschränken verwendet. So konnte man den Inhalt des Schranks sehen, der zugleich gegen größere Insekten und andere Schädlinge geschützt war. Heute bietet er eine rustikale Alternative zu Türeinsätzen aus Holz oder Glas. Hier ist eine Sammlung alter Tischdecken und Küchentücher hinter Kaninchendraht ausgestellt. **unten** Eine etwas schrulligere Regalvariante: Die ausgefallene Hängekonstruktion aus Zweigen bietet Platz für eine erlesene Sammlung von Lieblingsobjekten. Die Erdtöne der Objekte und die Naturzweige sorgen in jeder ländlichen Einrichtung für Gesprächsstoff.

Schränke trugen keinerlei Verzierungen und waren in sorgfältig abgestuften Größen kunstvoll aus Hartholz gefertigt. Hohe Kommoden beispielsweise wurden häufig nach oben hin immer schmaler; das wirkte optisch ausgewogen und war sehr praktisch, da schwere Sachen ganz unten verstaut werden konnten. Freistehende Schränke standen auf hohen Füßen, damit man den Staub darunter wegkehren konnte. An den Hakenleisten konnte alles aufgehängt werden von Stühlen bis zu Besen, Spiegeln, Uhren und Kerzenhaltern. Vieles verstauten die Shaker auch in ovalen Schachteln mit Deckeln. Diese wunderschönen, praktischen Behälter wurden in vielen verschiedenen Formen und Größen gefertigt und waren äußerst vielseitig einsetzbar. Sie standen immer fein säuberlich nach Größen sortiert aufeinander.

Schachteln in den unterschiedlichsten Größen waren in allen ländlichen Wohnhäusern weit verbreitet. Sie dienten zur Aufbewahrung von allerlei Haushaltsutensilien wie Kerzen, Lebensmitteln und Gewürzen, um nur einige zu nennen. Französische Landküchen waren stets mit vielerlei einfallsreichen Dosen ausgestattet. Da gab es zum Beispiel die *salière*, eine Salzdose, und die *panetière*, in der das Baguette aufbewahrt wurde. In zahlreichen Haushalten lagerte man das Feuer- und Zündholz in Binsen- und Weidenkörben, die in den Sommermonaten geflochten wurden.

Auch Wandschränke waren auf dem Land keine Seltenheit. In der Küche wurden darin Lebensmittel und Küchenutensilien aufbewahrt, im Wohnraum oder Salon fanden sich darin wichtige Papiere oder auch die Familienbibel. Wand-

schränke zur Aufbewahrung von Lebensmitteln erkennt man oft an ihrer perforierten Front, die zur Lüftung diente, dabei jedoch Ungeziefer abhielt.

Heutzutage kann man kleine Wandschränke, die aus ungleichem Holz gefertigt sind, kalken, streichen oder mit Gingan beziehen; sie sind ein fröhlicher, nützlicher Zugewinn für jeden Raum. Ausrangiertes Küchengerät kann zu neuem Leben erweckt werden: Nadeldosen, Wildbrethaken, Teigbretter, Salzdosen und Bügeleisenauflagen eignen sich zur Aufbewahrung für alles Mögliche von Zeitschriften bis Badezimmerutensilien. Bunt bemalte kleine Schränke und Truhen sind Stücke der Volkskunst und richtig plaziert eine wahre Augenweide. Das Schöne daran ist aber, daß sie über ihren dekorativen Zweck hinaus auch noch einen praktischen erfüllen.

Pure Country heißt nicht, das Haus mit dekorativem Plunder vollzustopfen, sondern mit Dingen zu leben, die man gerne um sich hat. Wenn man erst einmal gründlich ausgemistet hat und nur noch die Lieblingsobjekte übrig sind, dürfte sich auch das Platzproblem erledigt haben. Einige Regeln gilt es dennoch zu beachten: Wenn man etwas herzuzeigen hat, sollte man es richtig tun; ansonsten verstaut man die Sachen besser im Schrank. Denken Sie bei der Planung neuen Stauraums nicht nur an das, was Sie jetzt besitzen, sondern lassen Sie Platz für Erweiterungen. Gehen Sie großzügig mit Materialien um – dicke, stabile Regale sehen einfach besser aus als dünne, klapprige. Integrieren Sie Regale und Schränke in den Gesamtstil Ihrer Wohnung; auch das funktionalste Stück kann ein attraktiver Zugewinn sein.

Diese Auswahl an ländlichen Schränken mit geschnitzten Ziergiebeln beweist, daß auch Funktionales schön sein kann. **ganz links** Ein alter Tortenschrank mit Tür und Seitenwänden aus Maschendraht hält die Fliegen ab. **unten links** Die Türeinsätze des alten Wandschränkchens wurden entfernt und durch gerafften blau-weißen Gingan ersetzt, Ton in Ton mit dem Geschirr im Schrank und dem frischen Raumdesign. **links** Das georgianische Hängeregal aus Eiche – ein traditionelles Holz für englische Landmöbel – ist der ideale Platz für Bücher und Nippes. **rechts** Die Grundfarben Rot, Blau und Gelb bringen einen kräftigen Farbtupfer in eine ländliche Küche. Der Hängeschrank mit verglasten Türen sieht überwältigend aus mit der Kollektion rot-weißen französischen Porzellans.

Textilien

Gemusterte Quilts, Leinentücher mit feinen Stickereien und frisch gestärkte Baumwollstoffe – ländliche Textilien bieten eine Vielfalt an dekorativen Möglichkeiten.

Handgefertigte Textilien, insbesondere Quilts, zählen zu den Hauptkomponenten des *Pure Country*-Stils. Früher besaß die Landbevölkerung weder die Mittel noch die Möglichkeiten, um edle Seidenstoffe oder schwere Damastgewebe zu kaufen. Die meisten Leute fertigten ihre eigenen Webwaren aus Naturmaterialien wie Baum-

links Die Kollektion blau-weißer Patchwork-Quilts illustriert die breite Palette möglicher Muster. **unten** Die Farbgebung im Raum richtet sich nach der alten Quiltdecke.

wolle, Flachs und Wolle. Wenn Stoffe gekauft wurden, dann allenfalls einfache bedruckte Baumwoll- und Gingangewebe.

Die Frauen beherrschten die traditionellen Näharbeiten und machten die Kleidung und Wäsche für ihre Familien oft selbst. Auf dem Land lebte man bescheiden, und so wurden alte Stoffe immer wiederverwendet: Zerschlissene Laken wurden als schneeweiße Vorhänge wiedergeboren, Kleider, Hemden und Arbeitsoveralls wurden in Stücke geschnitten und kamen in die Flickenkiste für Patchwork-Quilts.

Bunte Quilts sind die Quintessenz des amerikanischen Landhausstils. Jedes Muster hatte seine eigene Bedeutung und wurde in verschiedenen Lebensphasen einer Quilterin gefertigt. Jahrelang sammelten die Frauen Stoffetzen, so daß jeder Quilt zu einem sorgfältig angelegten ›Flickwerk‹ aus Erinnerungen wurde, mit Stoffflicken von Lieblingskleidern, Babysachen oder den Vorhängen der alten Wohnung. Die amerikanischen Siedler hatten kein leichtes Leben, aber das Quilten bot vielen Frauen ein kreatives Betätigungsfeld, und die Schönheit ihrer Arbeit ist bemerkenswert. Darüber hinaus hatte das Quilten auch eine soziale Bedeutung – beim ›Nähkränzchen‹ saßen die Frauen mit ihren Nachbarinnen um einen Quiltrahmen herum und tauschten Neuigkeiten und

ganz links Die Kollektion von Wolldecken ist ein zusätzlicher Blickfang in dem blau-weißen Schlafzimmer. links Ein ganz feines weißes Taschentuchleinen wurde in ein durchscheinendes Raffrollo verwandelt. Durch den unversäumten Stoff strömt diffuses Sonnenlicht. unten links Das gewebte rot-weiße Leinentuch wurde mit Hohlsaum verziert. Die hübsche Halbgardine mit der rot eingefaßten Oberkante sorgt für Privatsphäre, ohne das Licht abzuhalten. rechts Eine alte rot-weiße Damasttischdecke trägt ein Monogramm in dem gleichen Rotton. Da Kornähren ein Symbol für Fruchtbarkeit waren, könnte das Tuch zur Aussteuer eines jungen Mädchens gehört haben.

Klatschgeschichten aus. Alte Quilts sind heute kleine Kostbarkeiten und erzielen auf Auktionen hohe Preise. Die Tradition des Quiltens besteht jedoch bis in unsere Zeit – alte Muster werden kopiert und noch immer neue erfunden –, so daß auch preisgünstigere moderne Quilts erhältlich sind.

Ländliche Stoffe sind in erster Linie Naturgewebe wie Baumwolle, Leinen und Wolle. Einfache Materialien mit kräftigen Karomustern wie das ›Homespun‹ der Shaker, frischer Gingan und locker gewebte Madrasbaumwolle verkörpern die Gemütlichkeit des ländlichen Wohnstils. Hauchzarte, durchsichtige und lichtfilternde Stoffe wie Musselin, Organza und Baumwoll-Voile rufen die ungekünstelte, schmucklose Eleganz des schwedischen Landhausstils wach.

Keramik und Blechgeschirr

Alltägliches Tischgeschirr und Küchengerät von einst stehen heute wieder hoch im Kurs.

Ihr besonderer Reiz liegt im funktionalen Design und der schlichten Eleganz.

links Dieses amerikanische Blechgeschirr mit seiner marmorähnlichen Glasur war in alten Landküchen beliebtes Alltagsgerät. Heute sind solche Stücke wegen ihrer attraktiven Farben wieder sehr gefragt. **oben** Die alte blau-weiße Tasse mit Schachbrettmuster hängt vor einem Blechteller. **rechts** Blau-weißes Porzellan wurde im 18. Jahrhundert in großen Mengen aus dem Fernen Osten eingeführt und erfreute sich zunächst bei den oberen Schichten größter Beliebtheit. Später bahnte es sich seinen Weg durch sämtliche gesellschaftlichen Schichten. Die blau-weißen, gedruckten Hirtenszenen waren im letzten Jahrhundert große Mode. Ihre strahlende Frische paßt gut zum ländlichen Wohnstil.

Keramik und Blechgeschirr waren seit jeher Bestandteil eines ländlichen Ambiente. Jede Region hatte ihre eigene einheimische Keramik wie das englische Steingut und die rote Töpferware aus Amerika. Mit Blei glasiert behielten die Tonwaren die Farbe der Erde, aus der sie kamen. Sie wurden bei niedrigen Temperaturen gebrannt und in erster Linie als Alltagsgeschirr genutzt. Dank ihres einfachen, erdnahen Charakters erfreut man sich auch heute noch gerne an solchen Objekten.

Gebranntes Feinsteingut hat seinen Ursprung im Rheintal. Dort entdeckten deutsche Töpfer im 15. Jahrhundert, daß eine dichte, nahezu steinharte Keramik entsteht, wenn man die heimische Kaolin-Erde oder Lehm zusammen mit Schiefer bei hohen Temperaturen brennt. Wurde während des Brennvorgangs Salz beigegeben, bildete sich eine feste, haltbare Glasur. Die Technik der Steingutherstellung verbreitete sich schließlich überall in Europa und gelangte von England auch in die Neue Welt. Schon Ende des 18. Jahrhunderts hatte amerikanisches Stein-

ganz links Die weiß lackierten Regale beherbergen eine exquisite Sammlung alter Steingutkrüge in vielen verschiedenen Formen und Designs. Die Glasuren sind mit einem Naturschwamm aufgetragen und ergeben ein lockeres Muster.

links Ein cremefarbener Wedgwood-Krug mit bunten Blumen ist eine einfache Form von *Pure Country*. **oben** Weiß ist die beliebteste Farbe für Porzellan. Sofern man einfache, schnörkellose Formen wählt, paßt es gut in eine ländliche Umgebung.

115

gut der Töpferware in Gebrauch und Beliebtheit nahezu den Rang abgelaufen. Während man in England Feinsteingut vor allem mit altmodischen Cider-Krügen und Wärmflaschen in Verbindung bringt, hat das Steingut in Amerika eine sehr lange Tradition. Robustes cremefarbenes Steingut findet man noch immer in rauhen Mengen in Diners und Cafés überall in den Vereinigten Staaten.

Bunt emailliertes Blechgeschirr hat ähnlich einfache Wurzeln. In England wurden Blechtassen zum Beispiel von den Minenar-

oben Porzellan- und Keramikgeschirr hat die Zeit meist nicht überlebt. Daher ist diese Sammlung gelber Tonschüsseln nahezu einzigartig. In dem schlichten Küchenschrank sind sie ein echter Blickfang.

links Diese Tonschale diente wahrscheinlich zum Umgießen von Milch in kleinere Schalen oder Tassen.

beitern als preiswerte Trink-
gefäße verwendet, und in
Frankreich wird auch heute
noch rot, blau und grün
emailliertes Blechgeschirr in
Form von billigen, bunten
Pfannen, Tellern, Tassen und
Kaffeekannen verkauft. Das
amerikanische Blechgeschirr
ist eine besonders hübsche Form von Blechware und häufig mit
marmorartigen Mustern verziert.

Blech- und Keramikgeschirr ist ausgesprochen dekorativ,
wenn es richtig präsentiert wird. Alte Anrichten sind noch immer
der perfekte Hintergrund für Keramik und Porzellan – die klassische Kombination von Blau und Weiß verliert nie ihren Reiz –
und werden jede Sammlung wahrhaft zur Geltung bringen.

links Die massive, handgetöpferte Küchenschüssel mit der hübschen glänzenden Glasur auf der Innenseite ist sehr stilecht. **oben** Ein cremefarbener irdener
Krug – der Inbegriff des reduzierten, modernen Landhausstils. **unten** Die Art der
Präsentation spielt eine große Rolle; hier ein ungewöhnliches altes Regal mit
einer Sammlung von *faux bois*-Krügen.

Räume

Auf unserer Reise durch den *Pure Country*-Stil haben wir viele Abstecher gemacht. Sie haben uns zu den Merkmalen des neuen Landhausstils geführt, zu den vielseitigen Varianten ländlichen Wohnens, die meine ganz persönliche Raumgestaltung beeinflußt haben, zu den typischen Farben und den einzelnen Raumelementen wie Böden, Wände und Möbel, Textilien und andere Gebrauchsgegenstände. Der letzte Schritt ist nun, all diese Aspekte des *Pure Country* miteinander zu verbinden, damit sich jeder Raum Ihres Zuhauses in einen freundlichen, einladenden Ort der Entspannung verwandelt.

Bei diesem letzten Schritt hilft es, sich von der Vergangenheit inspirieren zu lassen. So sehr sich das Leben von heute auch von früheren Jahrhunderten unterscheiden mag, gerade durch den Einfluß der Vergangenheit bildet *Pure Country* einen perfekten Gegenpol zum modernen Alltagsstreß. Unsere ländlichen Vorfahren hatten gewiß kein leichtes Leben, aber sie schmückten ihre Häuser in einem einfachen, erfindungsreichen Stil, der auch heute noch die Seele beschwingen und den Geist erfrischen kann. Dies wünsche ich meinen Lesern, wenn sie die alten Ideen in ihrem Haus umsetzen.

vorhergehende Seite Eine geräumige Landküche in beruhigenden Creme- und Grautönen. Der riesige Küchentisch ist, ganz im ländlichen Stil, das Herzstück des Hauses. Um das Raumgefühl zu bewahren, sind die Möbel auf ein Minimum beschränkt. Küchenutensilien, Geschirr und Gläser sind in den Schränken untergebracht und lassen die Arbeitsflächen frei. **rechts** Ein leicht gebeizter Eichentisch ist der Mittelpunkt des einfach eingerichteten Eßzimmers. Der gewaltige Spiegel verleiht der Szene einen Hauch von Grandeur.

Wohnzimmer

Bei der Einrichtung eines *Pure Country*-Wohnzimmers sollte man sich von der Vergangenheit inspirieren lassen: Farbe, Struktur und Wärme sind seit jeher die grundlegenden Elemente eines zur Entspannung einladenden Wohnraums.

links Die niedrige Balkendecke reduziert das natürliche Licht in diesem Wohnzimmer. Helle Polster, leichte Vorhänge und ein günstig plazierter Spiegel lassen einen Raum größer und heller wirken.
rechts In diesem luftigen und sparsam möblierten Wohnzimmer setzt der rote Kelim einen kräftigen Farbakzent vor dem ausgebleichten Holz und dem zarten Weiß der Wände und Stoffe.

Auf dem Lande waren getrennte Räume für unterschiedliche Tätigkeiten früher eine Seltenheit. Das Wohnzimmer war im wahrsten Sinne des Wortes ein Wohnraum, in dem gegessen, geschlafen und gearbeitet wurde. Erst Ende des 18. Jahrhunderts begann man Räume für einen bestimmten Zweck abzutrennen, wie etwa für die Zubereitung oder die Einnahme der Mahlzeiten oder für die Nachtruhe. Aber selbst dann nutzten viele die warme Küche auch weiterhin als Mittelpunkt des Familienlebens.

Heute leben viele Menschen in größeren Mietshäusern inmitten einer hektischen, urbanen Umgebung und pendeln zwischen ihrem Zuhause und ihrem Arbeitsplatz. Sie haben mehr Freizeit, und ihre Wohnungen dienen in erster Linie der Erholung. All diese Faktoren sprechen dafür, das moderne Wohnzimmer als einen Ort der Geselligkeit und Gemütlichkeit zu gestalten.

Licht und Raum sind die wichtigsten Elemente eines *Pure Country*-Wohnzimmers. Die Betonung sollte auf natürlichen Materialien, Komfort und Ordnung

liegen. Die Kombination von zarten Weiß- und Cremetönen und einem kräftigen Farbakzent bringt Leben in einen schlichten Raum. Holzverkleidete Wände haben immer eine warme und natürliche Ausstrahlung. Eine gute Alternative hierzu ist roher Wandputz in den typischen ausgebleichten Farbtönen.

Der Boden bildet gewissermaßen den Hintergrund, vor dem der gesamte Raum seine Wirkung entfaltet. Ob Stein, Holz, Naturfaser oder Terrakottafliesen – bei sorgfältiger Pflege wird Sie ein qualitativ hochwertiges Material mit einem wunderschönen, haltbaren Boden belohnen, der mit der Zeit seine charakteristische Altersfärbung entwickelt.

Selbst kleine Räume können großzügig wirken, wenn die Möbel entsprechend ausgesucht werden. Ideal sind Einbauschränke oder sonstiger platzsparender Stauraum sowie Fenster mit einfachen Vorhängen, Rollos oder Holzfensterläden. In dunklen Räumen kann das natürliche Licht durch strategisch plazierte Spiegel verstärkt werden. Auffällige Muster sollten, wenn überhaupt, äußerst zurückhaltend eingesetzt werden. Eher zu empfehlen sind, in Anlehnung an den schwedischen Landhausstil, einfache Karos und Streifen in dezenten, eleganten Farben oder feine, gewobene Leinen- und Baumwollstoffe.

Die moderne dreiteilige Sitzgarnitur hat mit *Pure Country* nichts zu tun. Sessel und Sofas müssen nicht zueinander passen; lose Überwürfe in neutralen Farben zaubern aus bunt zusammengewürfelten Möbeln gemütliche Sitzgruppen und können zum Reinigen einfach abgenommen werden. Couchtische sollten unaufdringlich und funktional sein – zwei leichte Beistelltische sind oft besser als ein einziger massiver Tisch.

links Die horizontale Holzverkleidung dieses texanischen Bauernhauses aus dem 19. Jahrhundert ist in den Farben der texanischen Landschaft gestrichen und bildet einen wunderschönen Hintergrund für die Kollektion ländlicher Antiquitäten. Die sorgfältig ausgewählten Stücke unterstreichen den einfachen, unaufdringlichen Charme des Raumes. Auch ohne Unmengen schwerer Polstermöbel wirkt der Raum gemütlich und einladend.

Bei der Wahl künstlicher Lichtquellen sollte man sich Zeit nehmen. Eine zentrale Deckenlampe ist nicht immer die vorteilhafteste oder praktischste Lösung, aber wenn Sie dennoch bei einer Deckenbeleuchtung bleiben möchten, ist ein schlichter, schmiedeeiserner Kronleuchter mit 40-Watt-Glühbirnen eine gute Wahl. Stehlampen mit nach oben gerichtetem Strahl oder Tischlampen geben dem Raum mehr Atmosphäre und wirken entspannend. Nicht zu vergessen sind selbstverständlich Kerzen, die authentischste Form der ländlichen Beleuchtung. Sie verbreiten in jedem Wohnraum eine besinnliche Stimmung, und die

tanzenden Kerzenflammen vermitteln Wärme und Lebendigkeit. Vielleicht haben Sie ja sogar das Glück, einen offenen Kamin zu besitzen. Denn ein Kaminfeuer mit seinem warmen Schein und dem faszinierenden blauen Flackern ist die höchste Form ländlicher Gastfreundlichkeit.

oben links Weniger ist oft mehr – das beweist auch das luftig-geräumige Wohnzimmer in diesem schwedischen Haus am Meer. Die helle Holztäfelung unterstützt die maritime Ausstrahlung des Raums. **oben** In der umgebauten Scheune ist der einzige Raum wie in früheren Zeiten Wohn- und Schlafraum zugleich. Einfache Karo- und Blumenmuster führen das ländliche Motiv fort.

Eßzimmer

Die Zeiten förmlicher Festmahle auf steifen, unbequemen Stühlen, der Tisch gedeckt mit dem Eßservice und dem schweren Tafelsilber aus der Aussteuer, sind vorbei. Das *Pure Country*-Eßzimmer ist ein zwangloser und einladender Raum, möbliert mit einer ausgewählten Sammlung rustikaler Einzelstücke.

In ländlichen Wohnhäusern gab es selten einen separaten Raum zur Einnahme der Mahlzeiten. Gekocht und gegessen wurde meist in der Küche, nah am warmen Herd. Die Idee des Eßzimmers stammt aus dem georgianischen England des 18. Jahrhunderts, aber nur wohlhabende, mode- und stilbewußte Leute leisteten sich ein solches Zimmer in ihrem Haus. Das Eßzimmer war eine Art Statussymbol – hier speiste der Hausherr in voller Pracht und ließ sich von einer Armee von Bediensteten bewirten.

Obwohl das Eßzimmer kein authentischer Raum eines Landhauses ist, kann ein moderner Eßbereich sehr wohl im *Pure Country*-Stil eingerichtet sein. Heutzutage wird ein separates Eßzimmer kaum noch als Notwendigkeit betrachtet. Häufig wird in der großen Küche oder in der Eßecke eines offenen Wohnzimmers gegessen. In welcher Form auch immer – der Eßbereich ist und bleibt Schauplatz für Gespräch und Geselligkeit.

Ein Eßzimmer sollte warm und einladend sein, was aber nicht gleich dunkelrote oder -grüne Wände, dicke Teppiche und schwere Brokatvorhänge bedeuten muß. Eine schlichte, warme Holztäfelung oder -verkleidung ist ideal für ein *Pure Country*-Eßzimmer.

links Die Holzflächen in ›Williamsburg‹-Blau, einer traditionellen Farbe des amerikanischen Kolonialstils, und die weißen Wände harmonieren mit dem modernen reduzierten Landhausstil. Die wenigen Möbel – ein massiver ›Gateleg‹-Eichentisch und ›Leiterlehnstühle‹ mit Binsensitzfläche – fügen sich gut in die Epoche und den Stil ein. **unten** Die grobbehauenen Bretter der Wände dominieren das gemütliche Eßzimmer einer Blockhütte in Kentucky. Vorhänge wären hier zu verspielt; ein einfaches Raffrollo paßt besser. Die Lochblechtüren des alten Schranks halten die Fliegen ab.

rechts Die Schweden beherrschten die Kunst, Eleganz und rustikale Einfachheit erfolgreich zu kombinieren. Hier kontrastiert ein gemauerter offener Kamin mit einem Kristallkronleuchter und einem Gips-Plaqué. **links** Ein Stapel Brennholz und ein Blumenstrauß bringen einen locker-ländlichen Touch in das eher strenge Eßzimmer. **unten** Durch die hohen Fenster tritt die Natur ins Zimmer. Dieses Motiv wird mit den Holzmöbeln und dem ländlichen Dekor fortgeführt. **ganz rechts** In dem schlichten Raum entfalten die edlen, lackierten Stühle ihre ganze Wirkung.

Auch ein Anstrich in einer gedeckten Farbe kann eine friedliche Stimmung verbreiten. Geeignet sind zarte Weißtöne oder andere helle Naturfarben – Moos- oder Olivgrün, rosiges Terrakotta, Strohgelb und Rauchblau. Die Stühle der Eßgruppe können individuelle Einzelstücke sein, solange es sich um solide Landhausstühle handelt. Stabile, kräftige Windsor-Stühle passen wunderbar zu eleganten Binsenstühlen oder einer einfachen langen Sitzbank. Ein rustikaler Bauerntisch sieht fast überall gut aus und ist praktisch und robust. Wenn der Platz knapp ist, empfiehlt sich ein ausklappbarer alter ›Gateleg‹-Tisch.

Ist erstmal für Funktionalität gesorgt, kann man sich ganz darauf konzentrieren, den Raum in Szene zu setzen. Ein schummriger Kronleuchter über dem Tisch oder eine gedimmte Beleuchtung, untermalt mit Tischkerzen, schaffen eine romantische Atmosphäre.

links und rechts Der wunderschön renovierte Raum in einem alten Haus in New England verströmt die Wärme, die nur echtes Holz mit seiner einzigartigen Altersfärbung erzeugen kann. Die wenigen Möbel sind sorgfältig ausgesucht, um den schlichten, aber prachtvollen Kamin und die Holztäfelung in Szene zu setzen. Das alte Ölgemälde über dem Kaminsims hängt bewußt auf der rechten Seite und hält so die Balance mit dem Wandschränkchen und der asymmetrischen Kamineinfassung. Ein großer Kandelaber ist das einzige Dekor. **unten** Überladene Räume sind im *Pure Country*-Stil eigentlich zu vermeiden. In dieser provenzalischen Eßküche ist es jedoch gelungen, den bunten Mix an Möbeln und dekorativen Gegenständen durch die vorherrschenden Weiß- und Cremetöne zu einer Einheit zu verbinden.

Küche

Heimweh nach alten Tagen lassen viele Küchen mit Trödel und Plunder überquellen. *Pure Country*-Küchen hingegen setzen auf Einfachheit, Ordnung und Gemütlichkeit.

Die Landhausküche war früher Schauplatz vieler traditioneller Tätigkeiten. Hier wurde gewaschen, gepökelt, geflickt, gewebt, eingekocht, Butter und Käse gemacht und gebacken. In größeren Guts- oder Landhäusern gab es außerdem noch separate Räume für bestimmte Arbeiten, so zum Beispiel eine Räucherkammer, eine Molkerei, einen Raum zum Aufhängen von Wildbret und natürlich eine kühle, trockene Speisekammer.

Das Herzstück der *Pure Country*-Küche sind Naturmaterialien. Böden aus Stein, Bruchstein, Granit oder Holz fühlen sich nicht nur gut an unter den Füßen, sie sind auch ausgesprochen pflegeleicht. Die Rückkehr zu traditionellen Tischlertechniken und Holzsorten brachte uns solide, haltbare Tische und Stühle, Arbeitsplatten, auf denen man tatsächlich arbeiten kann, ohne daß sie zerbrechen, eine geräumige Anrichte, die den Platz, den sie einnimmt, auch wert ist (im Gegensatz zu puppenstubenartigen Imitationen) und einen Hackklotz, auf den man mit voller Wucht einschlagen kann.

Auch bei Arbeitsflächen zeigen Naturmaterialien, was in ihnen steckt. Kunststofflaminatplatten passen nicht in eine *Pure Country*-Küche. Hier lohnt sich eine Investition in griffigen Schiefer, polierten Marmor, glänzenden Granit oder in warmes, haltbares Holz, denn diese Materialien sind hygienisch, pflegeleicht und halten ein Leben lang. Außerdem haben sie den Vorteil, daß sie im Alter immer schöner werden.

Die charakteristische ländliche Küche mit einem blank gescheuerten Tisch, offenen Herd und einer geräumigen Anrichte beschwört ein idyllisches Bild von Wärme und Gebor-

links und oben In Gedenken an frühere Zeiten, als die Küche Mittelpunkt des Familienlebens war, versuchte der Architekt, den offen angelegten Raum eines schwedischen Hauses am See so multifunktional wie möglich zu gestalten. Der große zentrale Kamin faßt eine Feuerstelle mit alter Kaminplatte und einen Elektroherd – moderne Geräte sind mit alten Gußeisentüren versehen. Die Raumwärme beheizt gleichzeitig ein Schlafloft auf der rechten Seite, das über die Holzleiter erreichbar ist. Gemütliche Stühle schaffen einen Sitzbereich, und in der Bücherecke lädt ein Stuhl zur entspannten Lektüre oder zum Briefe schreiben ein.

Diese moderne Küche bleibt den Grundsätzen des Shaker-Designs treu: Zweckmäßigkeit braucht keine Verzierung. **ganz rechts** Die flachen Türen und Schubladen verdanken ihre Schönheit schnörkellosem Design. Das zarte Mintgrün paßt gut zu dem robusten Ahorntisch und den entsprechenden Arbeitsplatten. **Mitte rechts und rechts** Auch die Details zeugen von Handwerk im Shaker-Stil – so etwa das Brotbrett mit dem herzförmigen Ausschnitt, das an einer praktischen Haken-leiste hängt. **unten links** Nachbil-dungen von Shaker-Stühlen passen wunderbar in *Pure-Country*-Küchen. Sie sind anmutig und funktional, leicht und doch stabil.

genheit herauf. Das Leben in einer solchen Küche war jedoch nicht leicht. Sie warm und sauber zu halten, war ein täglicher Kampf, und die Essenszubereitung ohne den Segen moderner Küchengeräte wie Kühlschrank, Elektroherd, Waschmaschine und Geschirrspüler war ein hartes Stück Arbeit. Solche Geräte sind zwar nicht gerade pittoresk, aber dennoch unbezahlbar. In der *Pure Country*-Küche können sie hinter Holztüren oder in Ein-

rechts Praktische, geräumige Schränke verbergen all die Flaschen und Dosen des täglichen Gebrauchs und lassen die Arbeitsflächen frei.

rechts Die Museumsnachbildung eines alten amerikanischen Gemischtwarenladens ist zwar genau genommen kein Wohnraum, birgt jedoch viele Stilelemente von *Pure Country*. Das praktische Regal mit Schubladen reicht bis unter die Decke und setzt das schlichte Küchengeschirr gekonnt in Szene. Der hübsche blaugrüne Anstrich bildet den perfekten Hintergrund für das Taupe der Töpferware. Der einfache Holztisch im Vordergrund ist mit einem groben Baumwolltuch sowie Bestecken und Gläsern aus der Museumssammlung gedeckt.

links Handbehauene Holzwände mit einem hellen Kalkanstrich, lackierte Landmöbel und verschiedene alte Küchenutensilien ergänzen sich in diesem Raum wirkungsvoll. Das traditionelle Rostrot auf Tür- und Fensterrahmen und Tisch setzt einen Farbtupfer in die ansonsten neutrale Einrichtung. Am Fenster hängt selbstgewebtes Karoleinen von einer dünnen Holzstange. Sämtliche Krüge und Schüsseln sind ganz im Stil von *Pure Country* in einem freistehenden Regal versammelt und nicht im ganzen Raum verstreut.

Drei verschiedene Küchen veranschaulichen den neuen reduzierten Landhausstil. Verzierte Leisten und Beschläge sind durch schlichte paneelierte Türen und praktische Griffe und Knaufe ersetzt, die Wände einfach gestrichen und Dekorationsgegenstände auf ein Minimum beschränkt. Allein die rote Gingankante des Schrankregals bildet einen Farbkontrast.

bauschränken verschwinden. Und wer das Glück hat, eine Küche mit angeschlossener Speisekammer zu besitzen, kann letztere in eine Art Mehrzweckraum umwandeln und all diese unentbehrlichen, aber recht unattraktiven modernen Geräte darin verstecken.

Die *Pure Country*-Küche sollte mit reichlich Lager- und Arbeitsfläche ausgestattet sein. Auch wenn die Einbauküche in den letzten Jahren etwas aus der Mode gekommen ist, sind Einbauschränke gerade in kleinen Küchen nach wie vor die platzsparendste Lösung und müssen weder häßlich noch teuer sein. Effektiv nutzen sie die gesamte Wandfläche aus und können um vorhandene Elemente wie ein altes Spülbecken, einen Kamin oder Herd herum maßgeschneidert werden.

Unlackierte Hartholzplatten sehen besonders gut aus, aber auch MDF-Platten mit einem matten Kaseinanstrich in authentischen ländlichen Farbtönen wie Rost, Stroh, Buttermilch oder Grün verfehlen ihre Wirkung nicht. Und das Schöne an eingebauten Schränken und Schubladen ist natürlich, daß all die Dosen, Flaschen und sonstigen Utensilien, die sich in jeder Küche ansammeln, darin verschwinden können.

In kleinen, dunklen Küchen sollte man allerdings auf Schrankwände verzichten, da der Raum sonst noch kleiner und leicht klaustrophobisch wirken kann. Hier empfiehlt es sich, offene Regale über den Arbeitsflächen anzubringen, damit der Raum weniger ›zugebaut‹, sondern eher aufgelockert wirkt. Solche Wandregale sind der ideale Aufbewahrungsort für Dinge, die regelmäßig gebraucht werden wie Kochbücher, Tassen, Siebe, Töpfe und Pfannen. Eine hübsche Alternative, um Küchenzube-

rechts Die Farbe der Küchenwände ist in diesem Haus an der Küste von dem zarten Rosa der Meeresmuscheln inspiriert. Die soliden Küchenmöbel können einiges wegstecken. **unten** Rosagestreifte Vorhänge sind ein frischer, luftiger Ersatz für Schranktüren.

rechts Auf dem angestrichenen Kaminregal mit Stützstreben in Fischform ist eine Kollektion alter Delfter Kacheln aufgereiht, in deren maritimen Szenen sich das Küstenmotiv fortsetzt.

hör aus dem Weg zu räumen, ist eine Hakenleiste, wie die Shaker sie hatten.

Eine Küche aus Einzelelementen entspricht dem ländlichen Stil allerdings eher. Gegenüber einer Einbauküche hat sie so manche Vorteile, schon allein, weil die Schränke und Vitrinen bei einem Umzug nicht zurückbleiben müssen. Darüber hinaus ist eine nichteingebaute Küche viel flexibler in der Gestaltung, da die einzelnen Möbelstücke jederzeit umgestellt werden können. Ein alter Kleiderschrank aus dem Schlafzimmer erblüht in der Küche als Gläser- und Geschirrschrank zu neuem Leben. Eine große Kommode kann aus der Küche ins Badezimmer umziehen, um Handtücher und sonstige Wäsche darin aufzubewahren. Zudem entsteht in einer Küche mit Einzelelementen durch die Kombination aus Alt und Neu ein interessanter, origineller Effekt. Eine solche Küche ist ein echtes Unikat.

Schließlich ist eine *Pure Country*-Küche ein Raum, in dem gelebt und gewohnt wird, ein Raum der Wärme und Erholung, und kein steriler Ausstellungsraum. Nicht jedes Küchengerät hat es verdient, versteckt zu werden. Eine Sammlung glänzender Kupfertöpfe, ländlicher Keramik oder Korbwaren trägt zu einer häuslichen Atmosphäre bei. Alte Küchenutensilien wie kupferne Puddingformen oder Holzlöffel haben zwar ihren Charme, Unmengen von Küchengerätschaften können jedoch auch zuviel des Guten sein – wenige Lieblingsstücke sind meist wirkungsvoller als ein Sammelsurium von vielen Gegenständen.

Schlafzimmer

Das moderne Leben ist schnell und hektisch. Daher sollte das Schlafzimmer ein Ort der Stille und Erholung sein. Eine einfache, komfortable Einrichtung schafft eine Atmosphäre der Ruhe und Entspannung.

Auf dem Land schlief man früher in der Regel auf einfachsten Lagern gemeinsam in einem Raum. Als Bett diente eine mit Stroh gefüllte Matratze, die abends auf den Fußboden des Wohnraums gelegt wurde, oder aber eine schmale Holzbank. Die ersten ›Schlafzimmer‹ waren zunächst in die Wand eingebaute Betten, die mit dicken Vorhängen oder Schwingtüren vom Hauptraum abgetrennt werden konnten. Auch wenn die Schläfer die ungewohnte Wärme und Privatsphäre dieser Kojen mit Sicherheit genossen haben, empfinden wir solche Betten heute doch eher als beklemmend klein.

Erst gegen Ende des 18. Jahrhunderts besaßen die meisten europäischen und amerikanischen Landhäuser ein separates Schlafzimmer. Diese waren ausschließlich zum Schlafen vorgesehen und daher meist recht spartanisch eingerichtet: ein Bett, ein Waschtisch und eine Kommode für Kleidung und Wäsche. Meist wurde auf Vorhänge an den Fenstern verzichtet, denn ein Lichtschutz war überflüssig – auf dem Land stand man früh auf und ging zeitig zu Bett. Für das körperliche Wohlbefinden wurde nur wenig gesorgt. Da reichte ein einfacher Flickenteppich, um die Füße vor dem harten, kalten

links Die alte Wandtäfelung wurde mit blauer Beize ungleichmäßig aufgefrischt. Die blau-weißen Stoffe kommen so perfekt zur Geltung. **oben** Das Schlafzimmer auf dem Dachboden hat einen gemütlichen ländlichen Charme. **rechts** Die schlichte Schönheit des Bettes, zusammen mit dem rot-weißen Quilt und dem Weiß der Wände, ist *Pure Country* in höchster Vollendung.

Boden zu schützen, und ein mollig warmer Quilt gegen die winterliche Kälte.

Ein modernes *Pure Country*-Schlafzimmer sollte in erster Linie zur Ruhe und Erholung einladen. In einem sanften, beruhigenden Farbton gestrichene Wände erzeugen eine entspannende Atmosphäre. Eine gute Wahl sind gebrochenes Weiß, sonniges Gelb, zartes Mintgrün oder blasses Blau. Etwas kraftvoller wirkt eine Holztäfelung, die in jedem Schlafzimmer ein Gefühl von Wärme und Geborgenheit verbreitet.

Der Boden sollte möglichst frei bleiben. Mit ein wenig Glück verbirgt sich unter dem Teppichboden der ursprüngliche Dielenboden. Abgeschliffen und gewachst oder lackiert wirkt der alte Boden schlicht und geräumig. Stehen Wärme und Komfort im Vordergrund, sind Naturfaserbeläge, etwa Kokos oder Jute, mit ihrer groben Struktur und den warmen Farbtönen die richtige Wahl. Baumwollteppiche in gedeckten Farben sind weich und warm unter den nackten Füßen. Auf schwere Vorhänge sollte verzichtet werden. Fensterläden tauchen den Raum nachts in Dunkelheit und lassen tagsüber Luft und Licht herein. Wen die Helligkeit nicht stört, sollte sich für transparente Stoff- oder Bambusrollos entscheiden. Und falls es doch Vorhänge sein müssen, sind schlichte, selbstgesponnene oder einfach gewebte Stoffe zu empfehlen. Die künstliche Beleuchtung im Schlafzimmer sollte gedämpft sein. Mit einem Dimmer kann die Lichtstärke stufenlos reguliert werden. Zum *Pure Country*-Stil paßt ein sanftes, dezentes Licht, das an den schwachen Schein von Kerzen und Kaminfeuern erinnert.

Effektiver Stauraum ist bei der Einrichtung des Schlafzimmers besonders wichtig. Die Kleidung verschwindet abends in Schuh- und Kleiderschränken, und am nächsten Morgen ist alles schnell bei der Hand. Einfache und gut konstruierte Einbauschränke nutzen den verfügbaren Platz optimal aus. Streicht man sie in derselben Farbe wie die Wände, tragen sie zu einer einfachen, ordentlichen Umgebung bei. Selten benötigte Kleidung wird sauber gefaltet hinten im Schrank verstaut, während die Kleidung

des täglichen Gebrauchs leicht zugänglich sein muß. Bettwäsche und Handtücher stapelt man sorgfältig in einem geräumigen Armoire, einer alten Truhe oder Kommode.

Das *Pure Country*-Schlafzimmer ist ein Paradies für Stoffliebhaber. Alte wie neue Textilien – kühle Baumwollbezüge, warme Bettdecken und mollige Quilts verschaffen sinnlichen Genuß und verwandeln das Schlafzimmer in eine friedvolle Oase, in der man jeden Morgen gut ausgeruht aufwacht.

links Die alten Betten stehen auf hohen Pfosten, um die Luftzirkulation zu fördern. Die Quilts und Accessoires verkörpern den klaren amerikanischen Landhausstil, und der Kelim auf dem Boden greift alle Farben auf. **oben** Ein rotweißer *toile de jouy* und die geblümten Stoffe geben diesem Schlafzimmer einen zurückhaltenden, femininen Touch, ohne dabei zu verspielt zu wirken.

links Die beiden geblümten Quilts und der gerahmte naive Kinderbett-Quilt bestimmen das Farbkonzept dieses Schlafzimmers. Alles andere ist einfach gehalten: gelbe ungefütterte Gingan-Vorhänge mit Schlaufenaufhängung, passend dazu sonnengelb gestreifte Bettwäsche und ein rustikaler Nachttisch. Die meergrünen Wände greifen eine Farbe aus den Quilts auf. **oben** Die kunstvoll bemalten Betten bilden einen überraschenden, aber gelungenen Kontrast zu dem schlichten Raum. Die einfachen Dachsparren der schrägen Decke sind weiß gestrichen, der Boden ist aus weißem Beton mit eingesetzten Kieselsteinen. Die Gingan-Tagesdecken runden das Bild harmonisch ab.

Badezimmer

Pure Country-Bäder sind einfach und funktional. Sie sollten
zur Muße einladen und doch zweckmäßig sein. Auf modernen
Luxus muß dabei aber nicht verzichtet werden.

Badezimmer sind in Landhäusern eine relativ junge Einrichtung.
Bevor es fließendes Wasser im Haus gab, genügten ein Krug mit
kaltem Wasser, eine Außentoilette oder ein Plumpsklo und natürlich der verschämt im Schrank verborgene Nachttopf.

ganz links Das rustikale Bad mit den groben, unregelmäßig gebeizten Holzwänden ist zugleich ein Ort zum Wohlfühlen. links Die freistehende Wanne mit gewölbtem Rand und den alten Chromarmaturen ist der Mittelpunkt des Badezimmers. Der alte Schemel, der Tisch und die breiten Holzpaneele verleihen dem Raum einen ländlichen Charme. rechts Ein originelles gebeiztes Hängeregal, gefüllt mit *Pure Country*-Accessoires.

Das Bad ist zwar in erster Linie ein funktionaler Raum, kann aber auch der Entspannung dienen. Entscheidend ist das Gleichgewicht zwischen moderner Funktionalität und *Pure Country*-Behaglichkeit. Der Fußboden muß wasserunempfindlich sein. Wenn es den kalten Füßen zu Liebe ein warmer Holzboden sein soll, muß dieser so behandelt werden, daß er nicht quillt und sich nicht hebt. Fliesen sind besonders praktisch – ein altmodisches Schachbrettmuster ist eher zweckmäßig, während warme Terrakottafliesen einen mediterranen Touch ins Bad bringen. In nördlichen Klimazonen ist etwas Warmes unter den Füßen aber unverzichtbar. Lange Baumwolläufer und Frottee-Badematten machen harte Böden gemütlich und lassen sich leicht waschen.

Ein absorbierender Anstrich im Bad verhindert eine übermäßige Kondensation und läßt die Wände atmen. Ideal für Badezimmer sind einfach verputzte Wände, entweder unbehandelt oder in warmen ländlichen Farben gestrichen. Auch Nut-und-Federbretter sind eine dankbare Wandverkleidung. Der beste Holzschutz ist eine spezielle mikroporige Badezimmerfarbe auf Wasserbasis. Keramikkacheln sind extrem wasserabweisend, und die funkelnde Glasur rustikaler Kacheln, insbesondere aus Mexiko oder Spanien, lassen das Herz jeden Farbenfreundes höher schlagen.

Die gußeiserne Badewanne mit gewölbtem Rand ist ein schöner Mittelpunkt in einem Bad im Landhausstil und lädt zum entspannenden Schaumbad ein. Solche Wannen finden sich häufig bei Gebrauchtmöbelhändlern – auch eine gute Quelle für alte Waschtische und massive Armaturen. In einem kleinen Bad ist eine freistehende Wanne nicht sonderlich praktisch, aber auch eine einfache weiße Keramikwanne paßt gut in ein *Pure Country*-Badezimmer, besonders mit einer Verkleidung aus Nut-und-Federbrettern oder anderen Naturmaterialien.

Zu *Pure Country* paßt ein wohliges Schaumbad zwar eher als eine schnelle Dusche in der Kunststoffkabine, aber auf die Vorteile moderner Sanitäranlagen muß nicht verzichtet werden. Um einen Abfluß herum kann ein Duschbereich angelegt und farbenfroh gefliest werden – eine einfache und praktische Lösung.

links In dem Bad im Shaker-Stil schafft eine Hakenleiste Ordnung. Daran hängen ein Beutel für Schwämme sowie zwei Badezimmerschränkchen aus Holz für Medikamente, Putzmittel und Kosmetika. Der Shaker-Schaukelstuhl mit geflochtener Sitzfläche und Rückenlehne und der leuchtende blau-weiße Baumwolläufer sorgen für den nötigen Komfort. **rechts** Die Decke des kleinen Badezimmers unter dem Dach wurde entfernt, um den Blick auf das Gebälk freizugeben. Der weiße Anstrich läßt den Raum größer wirken. Die Holzverkleidung setzt sich über der Wanne fort und dient als Ablage.

Terrasse

Ursprünglich sollten überdachte Terrassen und Veranden vor

Sonne, Regen und Schnee schützen. Inzwischen ist dieser

Platz ganz der Ruhe und Entspannung gewidmet.

Überdachte Terrassen sind überaus praktisch: In heißen Ländern spenden sie Schatten, und in kälteren Klimazonen schützen sie vor Nässe. Darüber hinaus bieten sie Gelegenheit für ein idyllisches Leben im Freien; vor allem in den warmen Sommermonaten werden sie fast zu einem zusätzlichen Wohnraum.

unten Was gibt es in Texas schöneres, als an einem heißen Sommertag auf einer schattigen Terrasse unter einem kühlenden Ventilator zu dösen! Die ungewöhnliche Kollektion weiß lackierter Astmöbel mit den weichen Kissen und den blau-weißen Bezügen bietet eine willkommene Rückzugsgelegenheit aus der sengenden Sonne. **rechts** Ein amerikanisches Kolonialstil-Haus, umgeben von alten Bäumen. Der blau-weiß gestreifte Verandaboden ist ein wahrer Blickfang.

Die Holzveranda amerikanischer Landhäuser ist eine wundervolle Einrichtung. Der Schaukelstuhl neben der Drahtgittertür ist der ideale Ort, um die morgentliche Zeitung zu lesen, die Erbsen für das Mittagessen zu enthülsen oder einfach nur dazusitzen und die Welt vorüberziehen zu lassen. Die Veranda bildet ein Kaleidoskop der Jahreszeiten: Im Frühjahr lagern hier Kisten mit frisch geerntetem Gemüse, im Sommer steht eine Stuhlgruppe für die Siesta im Schatten bereit, an Halloween ist sie mit Kürbissen geschmückt, an Thanksgiving mit getrocknetem Mais, und im Winter wartet das sauber gestapelte Feuerholz darauf, im Kamin verbrannt zu werden.

In Nordeuropa schützten Veranden und überdachte Terrassen in erster Linie vor den rauhen Elementen, galten aber durchaus auch als Verschönerung der Hausfassade. Da man auf dem Land während der Sommermonate gerne dort saß, hatten Veranden oft einfache, eingebaute Bänke auf beiden Seiten der Eingangstür, fast wie die Vorhalle einer Kirche.

Veranden und Terrassen steht ein Anstrich in traditionellen ländlichen Farbtönen – warmes Rot, Hellgrün oder Ocker – ebenso gut wie eine moderne Gestaltung mit gewagten knalligen Farben. Zudem bieten sie viel Platz für alle erdenklichen Terrassenmöbel von eleganten schmiedeeisernen Gartenmöbeln, Rattan- und Korbstühlen bis zu robusten Adirondack-Tischen und -Stühlen, niedrigen Sitzbänken und dem obligatorischen Schaukelstuhl. Dicke, ausgebleichte Polster und Kissen geben dem Ganzen einen heimeligen, gemütlichen Touch.

ganz links Veranden auf verschiedenen Seiten des Hauses lassen dem Besitzer die Wahl zwischen Sonne und Schatten. **Mitte links** Die alte verwitterte Bank paßt perfekt auf die Terrasse der amerikanischen Blockhütte. **links** Ein überdachter Weg zwischen Haus und Scheune ist mit restaurierten Pflastersteinen ausgelegt. **unten links** Der ungewöhnliche, buttergelb gestrichene Lattenzaun ist auf die verschalten Hauswände abgestimmt und verleiht der schattigen Veranda ein wenig Privatsphäre. **unten** In diesem französischen Bauernhaus ist das ausgebleichte Fachwerk auf der Wand einer hohen, überdachten Veranda äußerst wirkungsvoll.

Händler

Antiquitäten, Möbel, Stoffe

Annette Brederode
Lijnbaansgracht 56d
NL-1015 HA Amsterdam
Antiquitäten

Auktionshaus Beier
Eldenaer Straße 36a, Halle 9
10247 Berlin
*Versteigerungen von
Antiquitäten und Trödel*

IKEA Berlin
Ruhlebener Straße 23
13597 Berlin

Wilhelm Weik
Eisenacher Straße 10
10777 Berlin
Antike Möbel und Pozellan

IKEA
Südring 7
33647 Bielefeld

**pinie und kiefer massiv
- Leben im Landhausstil**
Königswinterer Straße 109
53227 Bonn

IKEA
Hansestraße 27
38112 Braunschweig

IKEA
Im Neefepark 5
09117 Chemnitz

Habitat
Berliner Allee 15
40212 Düsseldorf
*Möbel, Stoffe, Geschirr im
Landhausstil*

Casa - individuelles Wohnen
Bredeneyerstraße 152
45133 Essen

Antiquitätchen
Große Seestraße 59
60486 Frankfurt am Main

Magnus Antiquitäten
Weißadlerstraße 8
60311 Frankfurt am Main
Englische Möbel

**Landhaus Interieur
Tisch & Tafel**
Kapellenstraße 42
50226 Frechen
*Möbel und Einrichtungs-
accessoires, englische, franzö-
sische und amerikanische
Landhausküchen*

IKEA
Auerstraße 4
79108 Freiburg

IKEA
Hans-Vogel-Straße 113
90765 Fürth

IKEA
Weblinger Gürtel 25
A-8054 Graz

Anno Dazumal
Schlüterstraße 77
20146 Hamburg

Antik-Center
Klosterwall 9-21
20095 Hamburg

CONRAN Shop
Stilwerk
Große Elbstraße 68
22767 Hamburg

Habitat
Neuer Wall 19
20354 Hamburg
*Möbel, Stoffe, Geschirr
im Landhausstil*

House and Garden
Mittelweg 117a
20149 Hamburg
Mobiliar im Landhausstil

Stoffkontor
Große Bleichen 31
20354 Hamburg
*Bettwäsche, Tagesdecken,
Handtücher*

Szenario
Löwenstraße 1
20251 Hamburg
Möbel, Accessoires

Altertümchen
Am Duffesbach 41
50677 Köln

City-Antik
Christophstraße 20-22
50670 Köln
Englische Möbel

Dobbs Ferry
Benesisstraße 31
50672 Köln
*Textilien im Stil der
Neuengland-Staaten*

Habitat
Neumarkt 12
50667 Köln
*Möbel, Stoffe, Geschirr
im Landhausstil*

The Blue Door
74 Church Road
GB-London SW13 0DQ
*Schwedische Baumwolläufer
und Teppiche*

Brunschwig & Fils
10 The Chambers
Chelsea Harbour Drive
Lots Road
GB-London SW10 0XF
*Baumwoll- und Leinenstoffe
im Early American Style*

The Conran Shop
81 Fulham Road
GB-London SW3 6RD
*Moderne Möbel und
Wohnaccessoires im
Landhausstil*

Colefax and Fowler
39 Brook Street
GB-London W1Y 2JE
*Stoffe und Decken im
englischen Landhausstil*

Nordic Style
109 Lots Road
GB-London SW6 7LL
*Schwedische Möbel,
Antiquitäten, Stoffe, Teppiche*

Shaker
322 King's Road
GB-London SW3 0DU
Shaker-Möbel, Stoffe, Quilts

IKEA
Bernstraße 25
CH-3421 Lyssach

Bauernmöbel
Schulstraße 34
80634 München
Möbel aus dem 19. Jahrhundert

Landpartie
Kurfürstenstraße 12
80799 München
*Möbel und Accessoires im
Landhausstil*

Thimian
Müllerstraße 3
80469 München
*Stoffe, Porzellan und andere
Accessoires im Landhausstil*

viv' Antique
Friedrich-Ebert-Straße 29
14467 Potsdam

Markus Inauen AG
Merkurstraße 1
CH-8640 Rapperswil
*Echtes Handwerk und
Geschenke im Landhausstil*

**Antiquitäten im
Franziskanerkloster**
Franziskanergasse 5a
A-5020 Salzburg

Trödel Magazin
Landhausgasse 3
A-5020 Salzburg

IKEA
Bahnhofstraße 134
CH-8957 Spreitenbach

Habitat
Calwer-Straße 33
70179 Stuttgart
*Möbel, Stoffe, Geschirr im
Landhausstil*

IKEA
Shopping City Süd
A-2334 Vösendorf

Dorotheum
Thaliastraße 11
A-1160 Wien
Antiquitäten, Porzellan, Möbel

Gans
Brandstätte 1
A-1010 Wien
Bettwäsche, Decken, Tischtücher

Hofstätter
Bräunerstraße 12
A-1010 Wien
Antike Möbel, Kunstgewerbe

**Folgende Versandfirmen
führen Möbel und/oder
Accessoires im Landhausstil:**

Car Selbstbaumöbel
Ellerbrookskamp 4
22397 Hamburg
Tel: 040/6050071
*Unbehandelte Holzmöbel
und Korbmöbel*

habit-Wohnformen
Im Heider Feld 2
51515 Kürten Engeldorf
Tel: 02207/81134
*Listen von Händlern, die Möbel
im Shaker-Design anbieten*

Kirsch Interior
Pfeilweg 3
82049 Pullach im Isartal
Tel: 089/7938186
Kleinmöbel, Wohnaccessoires

Snowdonia Classics
Lindwurmstraße 203
80337 München
Tel: 089/74664090
*Wohnaccessoires im
English Country Style*

Szenario
Löwenstraße 1
20251 Hamburg
Tel: 040/4204052
Möbel, Wohnaccessoires

Farben, Lacke, Bodenbeläge

Thomas Lachenmeier-Farben
Clarastraße 48
CH-4021 Basel

Antike Baumaterialien
Gierkeplatz 9
10585 Berlin

Die Arche Naturfarben
Bernstoffstraße 1
13507 Berlin
*Großes Sortiment an Farben
und Naturpigmenten*

Natur am Bau
Tucholskystraße 22
10117 Berlin
Bodenbeläge

alterna Naturfarben
Rastenweg 15
53227 Bonn

Bio-Bau-Markt
Kölnstraße 136
53111 Bonn
Kalkkaseinfarben, Bodenbeläge

**Regenbogen
natürlich bauen & einrichten**
Schüttes Kamp 5
28755 Bremen
www.regenbogen-bremen.de
Naturfarben, Bodenbeläge

Sonnen & Herzog
Herzogstraße 29
40215 Düsseldorf
*Naturpigmente, Trockenfarben,
Künstlerbedarf*

Natur-Baumarkt Wende
Pettersweilstraße 34
60385 Frankfurt am Main
*Holzbeläge, Naturfarben,
Pigmente*

Livos Naturfarben
Halstenbeker Straße 47
22457 Hamburg

Naturbauhaus farbenfroh
Dragonerstraße 23a
30165 Hannover

The Stencil Store
20-21 Heronsgate Road
Chorleywood
GB-Hertfordshire WD3 5BN
*Werkzeug und Zubehör für
Schablonenmalerei*

Die dritte Haut
Venloerstraße 59
50672 Köln
Naturböden und Parkett

Naturalis
Neusser Straße 454
50733 Köln
*Natürliche Bodenbeläge
und Parkett*

Brats
281 King's Road
London SW3 5EW
*Sortiment an Kalkfarben
in mediterranen Farben*

Shaker
322 King's Road
GB-London SW3 0DU
*Auswahl amerikanischer
Kaseinfarben in den
traditionellen Shaker-Farben*

Schmidbauer
Wörthstraße 26
81667 München
*Hölzer, Kaseinfarben, Kalkfarben,
Pigmente*

Hobbyring
Neckarstraße 10
72666 Neckartailfingen
Materialien für Schablonenmalerei

Ludwig Rosner KG
Ostendstraße 62
90482 Nürnberg
*Lasuren, Beize für den Möbel
und Holze*

Natürlich Wohnen
Haußmannstraße 122a
70188 Stuttgart
*Leim- und Kalkkaseinfarben,
Pigmente, Holzböden*

Erhard Willensdorfer
Amethgasse 50
A-1160 Wien
*Pigmente, Kreiden, Wand- und
Leimfarben, Holzbeize*

Farbenhaus Wollishofen
Mutschellenstraße 175
CH-8038 Zürich

Danksagung

Unser Dank gilt allen, die uns so freundlich erlaubt haben, ihre Häuser für dieses Buch zu fotografieren, darunter: JoAnn Barwick und Fred Berger, Bill Blass, Zara Colchester, Chris und Julia Cowper, Mr. und Mrs. Robin Elverson, Katie Fontana und Tony Niblock, Wendy Harrop, Vera und Manrico Iachia, Beverly Jacomini, Bruno und Hélène Lafforgue, Susan und Jerry Lauren, Lena Proudlock, Mr. und Mrs. Derald Ruttenberg und Liz Shirley.

Danksagung der Autorin

Die Arbeit an diesem Buch hat sehr viel Spaß gemacht, zum einen weil mir ein hervorragendes Team zur Seite stand, aber auch weil mir das Thema wirklich am Herzen lag. Mein besonderer Dank gilt Simon Upton für seine ausdrucksstarken und ehrlichen Aufnahmen, Jacqui Small für ihr grenzenloses Wissen, Anne Ryland und David Peters für ihre ungebrochene Unterstützung, Larraine Shamwana und Maggie Town für ihre Design-Fachkenntnisse, Annabel Morgan für ihr effizientes Lektorat, Alison Culliford für ihre rasche und akkurate Textredaktion und allen Mitarbeitern von Ryland Peters & Small, die an der Herausgabe des Buches mitgewirkt haben.

Ohne die Großzügigkeit der Hausbesitzer, die uns die Fotoaufnahmen ihrer Häuser erlaubt haben, gäbe es kein Buch – daher vielen Dank ihnen allen, wie auch den Architekten, die zu der Einzigartigkeit dieser Häuser beigetragen haben. Zwar wurden wir überall freundlich umsorgt, doch gilt unser besonderer Dank Beverly Jacomini, die uns durch Texas und Kentucky begleitete und deren Design für *Pure Country* exemplarisch ist, sowie Delores Gummelt, deren Humor uns die texanische Sommerhitze leichter ertragen ließ, Al McGloin im Haus von Bill Blass für höchste Gastfreundschaft und die besten Hamburger auf Erden, Anna Liisa Russel in Pennsylvania für ihren Enthusiasmus und ihre Liebenswürdigkeit sowie Julie Saetre im Conner Prairie Museum für ihre unschätzbare Hilfe.

Wie immer geht ein großes Dankeschön an meinen Mann David und unseren Sohn Harry, die meine ständige Abwesenheit ertragen haben.

Die im Buch vorgestellten Inneneinrichtungen stammen von folgenden Designern und Architekten:

JoAnn Barwick
Innenarchitektin
P. O. Box 982
Boca Grande
USA-Florida 33921
S. 46-47 Mitte, 48 unten, 74 Mitte, 98 unten, 100 unten rechts, 116 oben links, 127

Nancy Braithwaite Interiors
2300 Peachtree Road
Suite C101
Atlanta
USA-Georgia 30309
S. 2: 4. Reihe Mitte links, 56 oben links, 57 rechts, 62 oben links, 74 rechts, 88 unten links, 90 rechts, 92 links, 100 oben links, 110 oben rechts, 115 unten links, 131 unten rechts, 144 oben rechts, 150-151

Zara Colchester
20 Frewen Road
GB-London SW18
S. 68 unten, 97 rechts, 121, 123, 153

Conner Prairie Museum
134000 Alisonville Road
Fishers
USA-Indiana 46038
S. 2: 2. Reihe Mitte links und 3. Reihe links, 8-9, 40-41, 44-45, 65 oben rechts, 73, 76, 77 Mitte, 85, 86 links, 87 oben links, 96 links, 102 links, 103 rechts, 104, 112-113, 138, 139, 156 links

Chris Cowper
Architekt
15 High Street
Whittlesford
GB-Cambridge CB2 4LT
S. 36, 37, 38-39, 53 unten links, 56 unten, 57 links, 142-143, 157 oben links

Ecomusée de la Grande Lande
Marquèze
40630 Sabres
F-Bordeaux
S. 4-5, 69 unten links, 82-83, 87 oben rechts und unten links, 91 links, 157 unten rechts

Wendy Harrop
Innenarchitektin
11 Rectory Road
GB-London SW13 0DU
S. 14, 15, 16, 17, 122, 147

Vera Iachia
Innenarchitektin
Av. Alvares Cabral 41-3º
P-1250 Lissabon
S. 2: 2. Reihe Mitte rechts und 4. Reihe links, 10-11, 22, 23, 24, 25, 26, 27, 53 oben und unten rechts, 78-79 Mitte, 98 oben

Jacomini Interior Design
1701 Brun, Suite 101
Houston
USA-Texas 77019
S. 1, 2: 1. Reihe links, 4. Reihe Mitte rechts, 3, 13, 46 links, 47 unten rechts, 48-49, 58 oben links und unten rechts, 59, 62 rechts, 63, 65 unten links, 72 links, 74 links, 77 oben links, 86 rechts, 91 rechts, 96 rechts, 99 oben, 109 rechts, 112 links, 129, 144 links, 145, 148-149, 154 links

Bruno & Hélène Lafforgue
Mas de l'Ange
Maison d'Hôte
F-Petite route de St. Remy-de-Provence
13946 Mollégès
S. 2: 4. Reihe rechts, 43, 60, 61, 62 unten links, 66, 67, 70 oben rechts, 75, 90 links, 103 oben und unten links, 105 oben, 115 oben, 117 oben, 133 unten, 149 rechts

Maximilian Lyons
Architekt
Lyons + Sleeman + Hoare
Nero Brewery
Cricket Green
Hartley Wintney
Hook
GB-Hampshire RG27 8QA
S. 68 oben, 141 oben links

Ocke Mannerfelt
Architekt
Hamnvägen 8
S-18351 Täby
S. 47 oben rechts, 48 oben links, 79 rechts, 88 rechts, 89, 126, 134-135

Plain English
Küchen-Design
The Tannery
Tannery Road
Coombs, Stowmarket
GB-Suffolk IP14 2EN
S. 2: 1. Reihe, Mitte links, 52 oben links, 54 links, 69 rechts, 100 unten links, 116 unten links, 136-137, 140, 141 oben rechts und unten

Lena Proudlock
Möbel-Design
Drews House
Leighterton
Tetbury
GB-Gloucestershire GL8 8UN
S. 2: 3. Reihe rechts, 28, 29, 30-31, 50, 52 unten links und rechts, 71, 72 rechts, 92 oben rechts, 94-95, 100 Mitte, 118-119, 130 oben links, 130-131 Mitte

Winedale Historical Museum
P. O. Box 11
Round Top
USA-Texas 78954
S. 81